Magier Thors Ratgeber der Voodoo-Magie

Ursprung der Voodoo-Rituale, Rezepte & Formeln: Die hohe Kunst der afrikanischen Naturmagie in Europa

Magier Thor

Alle in diesem Ratgeber aufgeführten Produkte und Rituale sind nach alten Überlieferungen und Volksweisheiten wiedergegeben worden. Die Produkte sind als reine Kuriosa anzusehen und beinhalten keinerlei übersinnlichen Kräfte oder Heilwirkungen. Das Benutzen und Ausprobieren der Produkte sowie die Ausführung von Ritualen geschieht auf eigene Gefahr und der Autor übernimmt keinerlei Haftung oder Garantie. Sämtliche Rezepte und Rituale in diesem Buch können keinen Arzt oder Heilpraktiker ersetzen!

Weitere Bücher von Magier Thor: Magier Thors Ratgeber der Hexenmagie, Ursprung der Hexenkunst Magische Produkte und Hexenrituale für ein glückliches Leben ein Ratgeber für moderne Hexen, ISBN 978-3-89094-439-5

ISBN 978-3-89094-706-8

Inhaltsverzeichnis

Vorwort

Es freut mich, dass Du den Weg zu mir gefunden hast. **Dieses Buch ist das zweite meiner Serie über angewandte Hexenmagie und ich hoffe, Dir mit diesem Ratgeber den Einstieg in die Welt der Voodoo-Magie zu erleichtern.** Bis vor kurzem ist Voodoo-Magie fast nur von Menschen beschrieben worden, die sie fürchteten und ihren Gebrauch unterdrücken wollten, da die afrikanische Sicht des Lebens, der Natur und der Verehrungsform in Konflikt mit den christlichen Anschauungen steht und die Voodoo-Magie als eine Form von Aberglaube und Teufelsverehrung gesehen wurde. Deshalb möchte ich zugleich am Anfang dieses Buches einige Vorurteile beseitigen: Voodoo-Magie hat nichts mit Satanismus, schwarzer Magie oder irgendwelchen perversen Tieropfern zu tun (siehe dazu das Kapitel Blutopfer). Voodoo ist eine **naturverbundene** archetypische Urreligionsform der Afrikaner. Ich selbst übe diese Magie seit Jahren aus und habe mich deshalb entschlossen, mit diesem Ratgeber gegen das Unwissen anzugehen und Licht ins Dunkel zu bringen. Seit 2001 habe ich einen kleinen Online-Hexenladen und verkaufe magisches Zubehör und esoterische Produkte um die alte Magie zu erhalten und weiterzuentwickeln, es ist an der Zeit die Menschen wieder mit ihren Wurzeln zu verbinden.

Voodoo bedeutet im afrikanischen Glauben nichts anderes als „Gott“ oder „großer Geist“, nur durch die Medien wurde das Ganze verzerrt und reißerisch ausgeschlachtet. Der Ursprung des Voodoo-Kultes oder besser der Voodoo-Religion ist sozusagen die Natur selbst, denn dort vor Urzeiten auf dem afrikanischen Kontinent verehrten die Afrikaner ihre Götter und Mutter Natur und lebten in völligem Einklang mit ihr. Was natürlich auch Naturkatastrophen wie Blitze, Waldbrände oder Vulkanausbrüche mit einbezog. Bei solchen „negativen“ Phänomenen mussten die Blitz-, Feuer- oder Sturmgötter mit einer Zeremonie und Opfergaben besänftigt werden. Aber auch etwas Positives ließ sich aus diesen anfangs negativ erscheinenden Phänomenen ziehen, das Land erweiterte sich, man hatte mehr Bauplätze und konnte mehr Kleidung oder Nahrungsmittel anfertigen. Damals waren beide Seiten der Natur noch im Einklang und auch die Magie war darauf eingerichtet und wurde einfach und natürlich gelebt. Aber dann kamen die europäischen und amerikanischen Schiffe und setzten dem ein schnelles Ende. Viele Afrikaner wurden verschifft, misshandelt und gequält mussten ihre Herkunft verleugnen und wurden gezwungen dem christlichen Glauben beizutreten. Auf den Plantagen erwartete sie Arbeit, die einem das Rückgrat brechen konnte, sadistische Gemeinheiten von den Besitzern und eine verlogene Moral. Diese Schwarzen wurden wie Besitz verkauft, schlecht ernährt, auspeitscht und viel Schlimmes mehr. Was sie am dringendsten brauchten, war der Geist des Krieges, um der Brutalität der Sklaverei etwas entgegenzusetzen.

Deshalb ist auch der Großteil der Voodoo-Magie auf folgende Punkte ausgelegt:

- Feinde verhexen, verfluchen und töten
- Schutz gegen körperliche und spirituelle Gewalt
- Das Gesetz umgehen/austricksen
- Glück in finanziellen Angelegenheiten anziehen
- Eine(n) Liebhaber(in) bekommen und halten

Das war damals absolut lebensnotwendig und wichtig und deshalb wurden diese Punkte zu den Goldenen Regeln des Voodoo. Aber heute in unsere Überflussgesellschaft sieht das etwas anders aus. Du wirst in diesem Ratgeber keine Rituale oder Praktiken finden in denen Tiere geopfert oder misshandelt werden. Auch werde ich Dir nur Rituale für den europäischen Voodoo-Gebrauch vorstellen, (siehe Kapitel: Voodoo in Europa). Alles andere hätte keinen Sinn und könnte auch nur von einer geweihten Voodoo-Priesterin oder Santero-Priester ausgeführt werden.

Dieser Ratgeber ist in erster Linie für den interessierten Europäer geschrieben, der praktische Erfahrungen auf dem Gebiet der Voodoo-Magie erwerben möchte und dies in der Theorie und Praxis mit Hilfe dieses Buches lernen und ausführen kann.

Mögen die alten Götter Dich auf Deinem Weg geleiten!

Ashé

Magier Thor, Samhain 2011

I. Ursprung des Voodoo

Wo ist der Unterschied zwischen Hexen-Ritualen und Voodoo-Ritualen?
Ein Voodoo-Priester sagt dazu: „Unsere Götter müssen essen!“

Ursprung des Voodoo

Lange bevor europäische und amerikanische Schiffe Afrika Millionen von Menschen entrissen, gab es dort schon Sklaverei, allerdings in anderer Form. Damals wurde der afrikanische Kontinent zwischen den Nationen aufgeteilt, die Sklavenhandel betrieben. Etwa 20 Millionen Afrikaner/-innen wurden durch den Sklavenhandel aus Afrika verschleppt. Obwohl ihre Ernährungsgewohnheiten und ihre Art sich zu kleiden ganz unterschiedlich waren, hatten sie doch zwei wichtige Dinge gemeinsam: Sie sprachen Kwa- und Bantu-Sprachen und teilen den Glauben an die Ahnenverehrung und übten ähnliche magische Rituale aus. Die Sklaven wurden überall in der westlichen Welt verstreut. In manchen Gegenden kamen mehrere Angehörige eines gleichen Clans zusammen.

Deshalb finden wir Zugehörige zur Youruba-Nation in Brasilien und Kuba. Die Menschen aus Dahomey und Kongo kamen hauptsächlich nach Haiti und die Ashanti mehr in englischsprachige Länder. Eine weitere Anzahl von Wolfo- und Kongo-Afrikanern wurden über ganz Nordamerika verteilt. Als all diese Menschen dort landeten, wurden sie mit zwei widersprüchlichen spirituellen Phänomenen konfrontiert. Das erste war, dass man von ihnen verlangte, dass sie sich christlich taufen ließen.

Das zweite war, dass sie entdeckten, dass die ursprüngliche Religion der Länder, in die sie kamen, nicht so verschieden von ihrer eigenen war. Die amerikanische Ursprungsreligion und ihr Schamanismus erkennen Mutter Erde und Vater Himmel als die Eltern der Natur an. Ihre Rituale enthalten Opfer, Gaben, Musik und Tanz.

Ahnenverehrung ist außerdem ein wichtiger Bestandteil der amerikanischen Urreligion. Und wie die Afrikaner waren sie sehr abhängig von der Magie und von den Kräutern, die sie in Feuchtgebieten sammelten um ihre „Medizin“ herzustellen und Kranke zu heilen. Historiker erkennen im Allgemeinen die Verbindung zwischen amerikanischen Ur-Einwohnern und Afrikanern nicht an, aber die Volksgeschichte Amerikas weiß davon. Viele Eltern und Ahnen haben auch indianisches Blut. Zusätzlich zu der körperlichen Vermischung verlangte der afrikanische Ahnenglaube, dass die Geister des Landes verehrt werden, in dem man lebt, und bezieht so die indianische Tradition mit ein. Wir leben und gehen mit jedem Schritt über ihre Gräber. Leben und Tod sind also immer und allgegenwärtig und werden als Einheit betrachtet und sind wichtiger Bestandteil der afrikanischen Voodoo-Magie. Die Spanier mit ihrem maurisch-ägyptischen Einfluss brachten den Bösen Blick, die französischen Zigeuner brachten ihre kabbalistischen Geheimgesellschaften und die Engländer brachten die Hexenkunst.

Die meisten heidnischen und europäischen Bräuche kamen mit den Schiffen, die Arbeitskräfte (Sklaven) zu uns brachten. Dieses Gemisch war die Grundsubstanz, mit der sich die afrikanischen Kulte vermischen konnten. Die Sklavengesetze waren hart. In den meisten Gegenden durften Sklaven einander nicht heiraten, keinen Besitz haben, durften ihre Sprache nicht sprechen und auch nicht trommeln. Sie durften sich nicht versammeln, und vor allem durften sie ihre Götter nicht verehren. Die Christen, vor allem die katholische Kirche, verlangte, dass die Schwarzen getauft wurden, christliche Namen tragen und die Heiligen der katholischen Kirche verehren mussten.

Der Vatikan unterstützte praktisch den Sklavenhandel, machte die eigenen Ahnen zu Göttern (Heiligen) und Weihwasser und lateinische Anrufungen wurden zu den neuen magischen Werkzeugen der Afrikaner. Die Sklaven sahen in Maria, Stern des Meeres, ihre eigene Meeresgöttin Yemaya und nahmen sie zärtlich auf. Sie stellten Parallelen zwischen ihren Göttern und den neuen Heiligen her und konnten sie so problemlos verehren, ohne dafür bestraft zu werden.

Aber der afrikanische Weg war und ist nun einmal ein Weg der Macht. Deshalb repräsentiert Maria nicht nur Yemaya in Gebeten, sondern wurde auch als eigenständige Macht, als eine neue Göttin erkannt, die die Sklaven in ihren magischen Ritualen anrufen konnten. Dieser interaktive Prozess, der die neue und die alte Religion verband, erschuf dadurch folgende magische Voodoo-Formen und Religionen:

- die Macumba- und Candoble Voodoo-Magie in Brasilen
- die Lucumi Voodoo-Magie in Kuba
- die Santeria-Magieform in Puerto Rico und
- die klassische Voodoo-Hoodoo Magieform in Haiti und New Orleans.

Obwohl das Identifikations-System zwischen Göttern und lokalen Heiligen von Land zu Land unterschiedlich ist, gibt die folgende Tabelle einen allgemeinen Überblick der Zusammenhänge zwischen afrikanischen Gottheiten und lokalen katholischen Heiligen:

Heilige der christlichen Kirche

Afrikanische Gottheit	**Brasilien**	**Kuba/ Puerto Rico**	**Haiti/ New Orleans**	**Kath. Heilige**
Elegba – Gott der Kreuzwege	Eshu Pomba Gira	Ellegua	Legba, Liba	St. Martin St. Michael St. Peter
Obatala – Himmelsgöttin und -gott	Oxala	Obatala	Batala Blanc Dani	Or Lady of Mercy Crucified Christ
Yemaya Meeresgöttin	Imanje	Yemaya	Agwe La Balianne	Mother Maria Our Lady of Regla
Oya – Blitzgöttin Wind	Yansa	Olla	Aida-Wedo Brigette	St. Theresa St. Catherine Our Lady of Candeleria
Oshun – Liebesgöttin	Oxum	Ochun	Erzulie-Freda Dahomey	Mother of Charity Our Lady of Caridad del Cobre
Shango - Feuergott	Xango	Chango	Shango John the Conqueror	Santa Barbara St. Jerome St. Johann
Ogun – Gott des Eisens	Ogum	Ogun	Ogu	St. Anthony St. Peter St. Georg Joan of Arc
Ochosi – Vegetationsgott	Oxosi Cabaclo	Ochosi	Ogu	St. Isidor St. Sebastian
Ibeji – heilige Zwillinge	Ibegi	Omo-Melli	Marrasan	St. Cosme St. Damian

Zusätzlich erfanden sie **High John the Conqueror** (Johannes der Eroberer), den Geist des Lachens, um die Last ihrer Arbeit und ihr Schicksal zu erleichtern und erfolgreich zu beeinflussen.

Marie Laveau

Marie Laveau die Grand Dame des New Orléans Voodoo des 19. Jahrhunderts. Geboren um 1794 gestorben 1881 in New Orleans beeinflusste sie die Voodoo-Magie so stark wie keine andere zuvor, zwar gab es noch andere Voodoo-Priester/innen diese waren jedoch nicht so bekannt und hatten nur wenig Einfluss. Es gibt über Marie Laveau zahlreiche Legenden und Sagen. Hier eine kleine Zusammenfassung aus ihrem Leben: Marie Laveau soll um 1794 im French Quarter von New Orleans geboren und kreolischer Abstammung sein, als Tochter eines weißen Farmers und einer Farbigen. Am 4. August 1819 heiratete Marie Laveau den Farbigen Jacques Paris; die Eheschließung ist amtlich dokumentiert. Informationen über ihr Leben vorher sind nicht bekannt. Paris starb um 1826, es werden auch andere Todesdaten genannt. Fortan arbeitete Laveau als Frisörin, die ihre Kundinnen – vornehme weiße Damen – in ihren Häusern besuchte und von diesen und deren Dienstboten eine Vielzahl von Informationen erhielt. Nach dem Tod ihres Mannes lebte sie mit Luis Christopher Deuminy de Glapion zusammen, der 1835 starb. Insgesamt soll Marie Laveau 15 Kinder zur Welt gebracht haben, alle nicht ehelich. Voodoo-Anhänger galten bei der Kirche als Teufelsanbeter und mussten mit Verfolgung rechnen. Marie Laveau reagierte darauf, indem sie Voodoo mit dem Katholizismus mischte, beispielsweise mit katholischen Devotionalien, Heiligenstatuen und Kruzifixen. Sie erklärte, Voodoo-Anhänger seien ebenfalls Christen und veranstaltete Voodoo-Shows, die für Christen mit schwer verständlichen Anteilen, wie Schlangenanbetung und Blutopfer, vermischt waren. Dazu lud sie gut situierte Leute und zahlende Gäste ein. Auf der anderen Seite gab es aber auch geheime Voodoo-Zeremonien. Immer wieder wurde versucht, Marie Laveau vor Gericht zu bringen, aber es kam nie zu einem Prozess. Offensichtlich schützten sie ihre vielfältigen Beziehungen und ihr Wissen über die Gesellschaft New Orleans. Am 16. Juni 1881 meldeten die Zeitungen in New Orleans ihren Tod. Ihre älteste Tochter, die ebenfalls Marie Laveau hieß, soll ihre Voodoo-Praktiken weitergeführt haben. Einige Jahre später verschwand diese spurlos. Das Grab der Mutter auf dem Saint Louis Cemetery, Teil der Familiengrabstätte der Glapions, ist heute eine Touristenattraktion, wird aber auch nach wie vor von Voodoo-Anhängern besucht. Es ist nicht sicher, ob auch ihre Tochter in diesem Grab liegt. In dem von den Laveaus bewohnten Haus in der St. Ann Street befindet sich heute ein kleiner Apartmentkomplex.

Voodoo in Europa

Immer mehr Europäer interessieren sich für die Voodoo-Magie und möchten diese natürlich auch in der Praxis anwenden. Nur gibt es da ein Theorie-/Praxisgefälle, denn nicht nur, dass einige Rituale nur von einem eingeweihten Voodoo-Priester ausgeübt werden können, auch gibt es die speziellen Voodoo-Kräuter bei uns nicht mehr in der freien Natur in ihrer ursprünglichen Form. Auch sind vielen die Orishas/Voodoo-Götter unheimlich oder wissen nichts über ihre Herkunft. Was also tun? Ganz einfach, erstens gibt es genügend Möglichkeiten mit einfachen Abwandlungen die Voodoo-Rituale hier in Europa zu vollziehen und zweitens sind die Voodoo-Götter mit den christlichen Heiligen, die in Europa bekannt und vertraut sind, verbunden. Außerdem habe ich genau für diesen Zweck dieses Buch geschrieben. Bei den europäischen Voodoo-Ritualen werden nur die Götter angerufen und ergreifen nicht, wie in Afrika, Besitz von dem Körper der Person, sondern wirken als ureigene Kraft. Das bedeutet nicht, dass die europäischen Voodoo-Rituale nicht wirksam sind, sie sind nur abgewandelt worden und dem europäischen Lebensstil angepasst. Wichtig dabei ist, dass die eigene Kraft und der Wille zusammen mit den Göttern kombiniert sind. Voodoo-Magie ist einfach nachzuvollziehen weil sie auch von den Afrikanern in ihren einfachen alltäglichen Handlungen einbezogen ist, z. B. beim Kochen und Nähen oder Kräuter stampfen. Ähnlich wie die Hexen- und Volksmagie nur eben in ihrer ureigenen archetypischen Form.

Blutopfer

Das natürliche Blutopfer in der Voodoo-Magie wird vollkommen missverstanden. Es handelt sich nicht um irgendwelche Abschlachtungsriten, sondern um eine heilige Zeremonie, die nur durch einen geweihten Voodoo-Priester/in ausgeführt werden darf. Das Opfertier, meist eine Ziege oder ein Hahn, wird vorher in einem speziellen Ritual heiliggesprochen und geweiht. Somit ist es nun kein „normales" Tier mehr, sondern hat den Status eines heiligen und kann dadurch Krankheiten wegnehmen oder Sünden für ein ganzes Dorf tilgen. Erst nachdem dieses Ritual ausgeführt und die Kraft vollkommen auf das Tier übertragen wurde, wird es getötet als Symbol für die Reinigung und Neubeginn. Zur Tötung wird ein speziell geweihtes Messer benutzt und es wird die Seele des Tieres geehrt und gepriesen, da es Vorbestimmung war das Dorf oder den Menschen vom Übel zu retten. Danach wird das Opfertier besonders zubereitet und an alle Beteiligten der Zeremonie verteilt, damit der Segen auf diese übergeht. Das Blut gilt als Lebenskraft, die den Orishas Kraft verleihen sollen das Ritual in die Tat umzusetzen. Solche Blutrituale sind etwas Heiliges und sollten nur dort praktiziert werden wo sie auch herstammen und die Menschen auch damit umgehen können. Ich rate strengstens davon ab durch einen Laien und in den eigenen vier Wänden solch eine Zeremonie durchzuführen! Es genügt hier in Europa ein symbolisches Opfer, in Form von Getreide, Obst, Tabak und als Blutersatz Rotwein. Richtig angewendet können ebenso gute Ergebnisse erzielt werden.

Orishas: Voodoo-Götter

Die einzelnen Voodoo-Götter im Überblick

Orishas/Voodoo-Götter	Aufgabe
 **Elegua**	**Der Voodoo-Gott der Torwege** Elegua ist der Wächter und Hüter der Torwege, ohne ihn kann kein Voodoo-Ritual erfolgreich sein. Er öffnet die Türen zur Anderswelt.
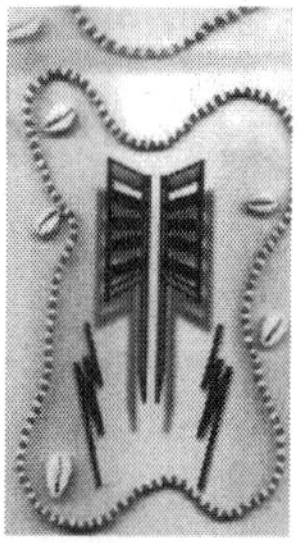 **Chango**	**Der Voodoo-Gott der Stärke** Chango wird immer dann gerufen wenn es um Kraft, Macht, Energie oder Stärke geht.
 **Obatala**	**Der Voodoo-Gott der Weisheit** Obatala hilft mit seiner Weisheit und Kraft all denen, die ihn inständig und von reinem Herzen bitten.
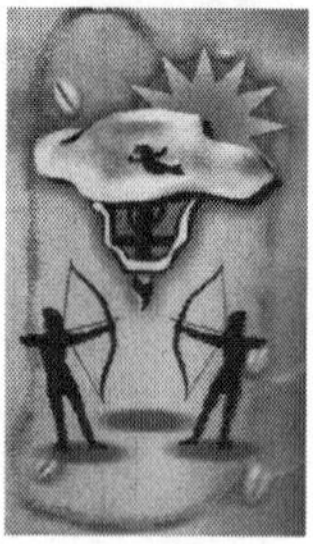 **Ochosi**	**Der Voodoo-Gott der Jagd** Ochosi ist der Jäger der Gerechtigkeit, der Wahrheit und der Fairness.

	**Ogun**	**Der Voodoo-Gott der Arbeit** Ogun ist der Schutzpatron der Arbeiter, der Soldaten, Polizei und Doktoren.
	**Orunla**	**Der Voodoo-Gott des Orakels** Orunla ist der Hohepriester Orisha und ist dem heiligen Orakel geweiht und zugetan.
	**Oshun**	**Die Voodoo-Göttin der Schönheit** Oshun ist für alle schönen Dinge wie Liebe, Hochzeit, Familie und Glück zuständig.
	**Yemaya**	**Die Voodoo-Göttin des Meeres** Yemaya ist alles heilig, was dem Meer und dem Gewässer geweiht ist. Yemaya gilt als „große Mutter“ und als Schutzpatron der Frauen und Kinder.

Wochentage der Orishas

Ähnlich wie bei der Hexenmagie gibt es auch im Voodoo magische Wochentage diese werden den einzelnen Orishas zugeordnet und unterscheiden sich etwas von den Hexenwochentagen. Wichtig ist auch die Tatsache, dass es sich hierbei um die Zeitfenster für die Voodoo-Magie und nicht die Hexenmagie handelt!

Montag
Tag des finanziellen Erfolges. Der Montag wird im Voodoo Yemaya zugeordnet. Ein guter Tag um neue geschäftliche Unternehmungen in Angriff zu nehmen. Der beste Tag für Voodoo-Rituale bei denen es um Wohlstand, Erfolg, Schutz der Frauen und Kinder, Geburt oder Selbstständigkeit geht.

Dienstag
Tag des Sieges. Der Dienstag wird im Voodoo Ogun zugeordnet. Ein guter Tag um Konflikte und Stress sowie berufliche Streitigkeiten zu überwinden. Ebenfalls von Oya begünstigt sind an diesem Tag finanzielle Vorhaben (Kredite, Bankgespräche usw.)

Mittwoch
Tag der Verwirrung. Der Mittwoch wird im Voodoo Oya zugeordnet. Ein ungünstiger Tag für Selbstständigkeit, größere Unternehmungen jeglicher Art (Hochzeit, Geldgespräche, Bewerbungen usw.) Auch Opfergaben werden an diesem Tag eher vermieden.

Was allerdings nicht Opfergaben der Ahnenverehrung betrifft, dies ist sogar günstig und jederzeit erlaubt! Erfolgreich ist dieser Wochentag jedoch für allerlei Arten von Hexenritualen.

Donnerstag
Tag der Erfüllung. Der Donnerstag wird im Voodoo Chango zugeordnet. Ein sehr guter Tag für Kraft und Energierituale. Große Zeremonien wie Hochzeit, Beginn eines Studiums, Fundamente für ein Zuhause (Baupläne, Grundstück-Häuserkauf) langfristige Projekte und Ziele, die es zu erreichen gilt, sind an diesem Tag begünstigt.

Freitag
Tag der Turbulenzen. Der Freitag wird im Voodoo Oshun zugeordnet. Er ist ungünstig zum Reisen. Auf gar keinen Fall solltest Du umziehen oder den Wechsel eines Firmenbesitzes anstreben. Ein sehr guter Tag für Beständigkeit, egal ob privat (in einer Partnerschaft oder Ehe) oder beruflich (fester Bürositz).

Samstag
Tag des Unglücks. Der Samstag wird im Voodoo Eshu zugeordnet. Wie Mittwoch ein schlechter Tag für größere Projekte und für die Anwendung der meisten Talismane. Jedoch gut für Hexenrituale und die Vorbereitung von magischen Hilfsmitteln (Amuletten, Zauberbeutel, schützende Fetische).

Sonntag
Tag der Ruhe. Der Sonntag wird im Voodoo Obatala zugeordnet. Ein guter Tag zum Auflösen von Streitigkeiten, Differenzen und Hindernissen. Brauchbar für dic Planungen langfristiger Projekt sowie jeder Art von Gesundheits- oder Heilzauber.

Es wird auch gesagt, dass Tinkturen und Gebräue, die ein langes Leben versprechen, an diesem Tag besonders begünstigt werden.

Voodoo-Medizin

Früher wurden die Medizinmänner und Frauen zum Stammes-Ältesten gesendet, um für das ganze Dorf Kräuter zu sammeln und ihre „Kräuter-Medizin“ herzustellen. Auch heute noch gibt es Kräuterkundige, die diese hohe Kunst beherrschen.

Auch für Europäer können diese Mischungen und Heilkräuter in Bioläden oder Reformhäusern erworben werden. Jedoch stellt diese Form der Voodoo-Magie eine besondere Herausforderung in Deutschland dar, es dürfen nämlich keine Heilkräuter als medizinische Hilfsmittel verordnet werden wenn Du kein Arzt oder Heilpraktiker bist.

Allerdings ist es Dir gestattet, in einen Bioladen zu gehen und Dir selbige Kräuter für Dich selbst zu kaufen. Wichtig ist, dass in diesem Buch keinerlei Behandlungsmethoden aufgezeigt werden. Ich gehe einfach mal davon aus, dass der interessierte Laie sich selbst darüber informiert was, wie und wo körperlich eingesetzt werden kann.

Ich empfehle diese Kräuter ausschließlich als Räuchermischungen zu verwenden oder als Duftöl in der Aromalampe.

Kräuter und ihre magische Zuordnung zu den Orishas

Orisha	Kräuter
Obatala	Basilikum Mandel Weiße Rübe Salbei Malve
Elegua	Schildblume Afrikanische Wicke Schlickgras
Ogun	Eukalyptus Tabak Hauswurz Ringelblume Romerillo
Oya	Sternapfelbaum Pamille
Yemaya	Wegerich Krausminze Lorbeer
Oshun	Papaya „Wilder Salat“ Beinwell Zimt Maniok Afrikanische Wicke
Chango	Heiliger Feigenbaum Mahagonibaum Zeder Afrikanischer Teakbaum Wegerich Beinwell Zuckerrohr Kamholz

Ätherische Öle und deren magische Zuordnung der einzelnen Orishas

Orisha	Ätherisches Öl
Obatala	Basilikum Mandel Salbei
Elegula	Heublume Afrikanische Wicke Vetiver
Ogun	Eukalyptus Tabak Hauswurz Ringelblume Rosmarin
Oya	Lavendel Limette
Yemaya	Melone Krausminze Lorbeer
Oshun	Jasmine Orange Beinwell Zimt Zimtrinde Afrikanische Wicke
Chango	Sandelholz Pfeffer Zeder Afrikanischer Teakbaum Beinwell Teebaum Wintergreen

II. Voodoo-Hilfsmittel

Magische Voodoo-Pulver, Sand und Salze

Gerade in der Voodoo-Magie werden die so genannten **„Pulver, Sand und Salze“** von fortgeschrittenen Magiern oder Hexen bei ihren Ritualen verwendet.

Sie sind jedoch in Europa noch nicht so bekannt wie beispielsweise die magischen Öle & Räucherungen. Da sie aber enorm wirkungsvoll sind, möchte ich hier unbedingt darauf eingehen. Aus meiner Praxis kann ich bestätigen, dass Rituale mit diesen Hilfsmitteln verstärkt, schneller zum Erfolg führen.

Mitunter werden diese Pulver, Sand und Salze als Zugabe von Zauberbeuteln den so genannten Gris-Gris-Beuteln Mojo- oder Conjure-Bags benutzt.

Eine weitere sehr beliebte Einsatzweise ist das Verarbeiten in Ritualkerzen, das Beifügen in 7-Tage-Glaskerzen und in magischen Voodoo-Lampen.

Sie können aber auch auf den Boden gestreut, in Briefe gegeben oder auf den Körper aufgetragen werden. Die Einsatzweise hängt ganz vom dazugehörigen Ritualzweck ab.

Hier nun eine komplette Auflistung der magischen Voodoo-Pulver, Sande und Salze und ihre Einsatzweise in der Voodoo-Magie:

Original Voodoo-Pulver (Powders)

Powders: Sind verschiedene magische Mischungen aus Kräutern oder Granulaten sowie Harzen (in Pulverform).

Originalname	Deutscher Name	Wirkung
Adam & Eve	Adam & Eva	Partnerschaft verstärken
African Ju Ju	Afrikanischer Zauber	Schutz vor Verhexungen
Attraction	Attraktion	Anziehungskraft verstärken
Banshing	Bannung	Schlechte Einflüsse bannen
Basil Powder	Basilikum	Starke Schutzmischung
Bat´s Heart Powder	Fledermausherz	Liebeszauber
Bayberry	Lorbeere	Geld anziehen
Bend Over	Beuge Dich	Willenszwang
Bingo	Glücksspiel	Verhilft Spielern zum Sieg
Black Musk Powder	Schwarzer Moschus	Für Verhexungen
Breaking Up	Trennung	Trennt Partnerschaften
Brimstone Powder	Sulfur-Pulver	Bannt Böses
Cayenne Powder	Cayenne-Pfeffer	Schützt vor Hexenzauber
Cinnamon Powder	Zimt	Zieht Liebe, Glück und Geld
Cleo May	Cleo May	Benannt nach einer Santera-Priesterin, für Liebeszauber und Glücksspiele zu verwenden
Come to me (sehr wirkungsvoll und beliebt)	Komm zu mir	Zieht Geld, Freunde und den Wunschpartner magisch an
Commanding	Kommando	Macht über andere
Compelling	Befehlen	Andere gehorchen Deinem Befehl
Confusion	Einfluss	Einfluss auf die Gedanken Anderer
Controlling	Kontrolle	Kontrolle über andere bekommen
Court Case	Gericht	Hilft bei Gericht
Crossing	Durchkreuzen	Löst Probleme und Pechsträhnen
Curry Powder	Curry	Vertreibt Böses
Devil get Lost	Böses keine Macht	Schutz vor dem Teufel

Do as I Say	Tu was ich sage	Anderen den eigenen Willen aufzwingen
Domination	Dominieren	Eine Situation beherrschen
Dragon´s Blood Chunks (bannt Geister und niedrige Astralwesen)	Drachenblut Stücke	Sehr mächtiger Schutz und Bannung
Drawing	Anziehen	Zieht Geld, Liebe, Erfolg an
Egg Shell Powder	Eierschalen	Streit und Zweitracht verursachen
Fast Luck	Schnelles Glück	Bringt das Glück herbei
Follow me Boy	Folge mir Junge	Stimmt Richter gnädig
Frankincense Powder	Weihrauch	Guter Schlaf
French Love	Französische Liebe	Liebe und Sex
Get Away	Geh weg	Hält übles fern
Ginger Powder	Ingwer	Freunde & Sex
Goofers Dust	Goofer Staub	Hilfe
Graveyard Dust	Friedhofs Staub	Feinde verfluchen
Has No Hanna	Hat kein Geld	Verhilft zu Geld
Helping Hand	Helfende Hand	Unterstützung
High John	Heiliger Johannes	Erfolg und Sieg
Hot Foot	Heiße Füße	Üble Nachbarn verschwinden oder ziehen aus
Irresistible	Unwiderstehlich	Starkes Liebespulver
Jinx Removing	Flüche zurücksenden	Enthexungspulver
John the Conqueror	Johannes der Eroberer	Starkes Glückspulver für alle Bereiche des Lebens
Just Judge	Richter	Hilfe bei Gericht
Keep Away Enemies	Feinde bleibt fern	Feinde verschwinden
Lady Luck	Glück für Frauen	Hilft Frauen zu Glück und Liebe
Lavender Powder	Lavendel	Glück und Liebe
Love Me	Liebe mich	Liebe verstärken
Love Powder (blue)	Liebe	Nur für Frauen
Love Powder (red)	Liebe	Nur für Frauen extrastark
Love Powder (white)	Liebe	Nur für Männer
Lovers/Attraction	Liebe & Anziehung	Anziehung eines Partner für Männer und Frauen
Lucky Business	Glück im Geschäft	Steigert den Kundengewinn

Lucky Gambler	Glück im Spiel	Für Glücksspiele
Lucky Planet Powder	Planetglück	Um die positiven Eigenschaften der Planeten anzuziehen
Luv Luv Luv	Trennung	Partner aus einer Beziehung lösen
Magnet	Magnet	Anziehung von Glück, Geld, Liebe
Man Trap	Männerfalle	Macht Männer gefügig
Money Drawing	Geld anziehen	Geldenergie heranziehen
Moving	Umziehen	Lässt Feinde verschwinden
Mustard Powder	Senfkörner	Gibt Schutz und Kraft
Myrrh Powder	Myrre	Weihung & Reinigung
New Orleans Powder	Mischung aus New Orleans	Für New Orleans Voodoo-Rituale
Nutmeg Powder	Muskatnuss	Harmonie
Obeah Powder	Spezialmix	Schutz vor Schwarzer Magie
Orange Powder	Orange	Heirat
Orris Powder	Orris-Wurzel	Liebeszauber
Patchouli Powder	Patchouli	Liebe
Pax Powder	Siehe Peace Powder	Friede
Peace	Frieden	Bringt Frieden
Power	Energie	Gibt Kraft
Protection	Schutz	Verleiht Schutz
Protection from Harm	Schutz vor Schaden	Beschütz den Träger vor Unheil
Queen Elisabeth Powder	Siehe Orris-Powder	Eine der stärksten Liebeswurzel
Red Powder	Rotes Pulver	Kraft
Rose Powder	Rosenpulver	Liebe
Rosemary Powder	Rosmarie	Schutz gegen schwarze Magie
Run Devil Run	Teufel vertreiben	Bannt Böses
Sandalwood Powder	Sandelholz	Heilung+Jenseitskontakte
Seperation	Trennung	Trennt eine Partnerschaft
Spell Breaking	Zauber brechen	Löst Hexenzauber auf
Stay at Home	bleiben	Hält den Partner zuhause
Stop Evil	Böses stoppen	Entzieht dem Bösen seine Macht

Success	Erfolg	Für alle Vorhaben und Geschäfte
Swallow´s Heart Powder	Schwalben-Herz (eine Wurzel)	Wird anstelle eines echten Schwalbenherzes verwendet für Liebeszauber
Teasing Lover	Wandernder Liebhaber	Stoppt Fremdgehen
Thyme Powder	Thymian	Schutz
Turn Back	Etwas zurückholen	Bringt Verlorenes wieder
Uncrossing	Durchkreuzung	Bricht Verwünschungen
Vanila Powder	Vanille	Energie
Violet Powder	Veilchen	Schutz
Voodoo	Voodoo- Zauber	Bringt die Wahrheit ans Licht zur Unterstützung von allen Zaubern
War	Krieg	Bringt Frieden
Wealthy Way	Weg des Wohlstandes	Verhilft zu Reichtum
White Musk Powder	Weißes Moschuspuder	Für sexuelle Angelegenheiten
Wolf´s Eye Powder	Wolfsauge (Wurzel)	Stärkt die Aura und gibt Schutz
Wolf´s Heart Powder	Wolfsherz (Wurzel)	Gibt Mut & Kraft
Work	Arbeit	Hilft gegen Mobbing
Zephyr Powder	Zypresse	Harmonie

Original Voodoo-Salze und Sand

Salze/Salts: Als Salts bezeichnet man in der Voodoo-Magie Salze die speziell eingefärbt worden sind und teilweise noch bestimmte Kräuter oder Gewürze enthalten.

Sand: Als Sand bezeichnet man speziell zusammengesetzte Mischungen in Form von Sand mit verschieden Mineralien oder Farben gemischt.

Sand und Salts sind ideal als Zugabe in Zauberbeutel/ Conjure Bags geeignet.

Originalname	**Deutsch**	**Wirkung**
Lucky Green Rice	Glücksreis	Für Geld & Glück
7 African Powers Salt (7-farbig)	Sieben Afrikanische Mächte	Beistand der Voodoo-Götter
7 Holy Spirits Salt	7 Heilige Geister	Bringt Glück und Segen
Angel Sand	Engelssand	Für Engelszauber
Black Salt	Schwarzes Salz	Schutz vor Bösem
Blessing Salt	Gesegnetes Salz	Schützt das Zuhause vor Hexerei
Blue Salt	Blaues Salz	Bringt Freundschaften und Erfolg ins Haus
Commanding Pepper/Salt	Kontrolle über andere	Andere kontrollieren
Gold Magnetic Sand	Gold anziehender Sand	Bringt Reichtum
Good Luck Salt	Glückssalz	Bringt das Glück herbei gut bei Glücksspielen
Green Salt	Grünes Salz	Für Geld
High John the Conqueror Salt	Erfolgssalz	Führt Dich zum Sieg
Jinx Removing Salt	Fluchbruch-Salz	Bricht Hexenzauber
Make Your Wish Salt	Wunschsalz	Erfüllt Wünsche
Money Drawing Salt	Geldsalz	Eines der stärksten Geldmagneten
New Money Salt	Neues Geldsalz	Siehe Money Drawing Salt
Red Salt	Rotes Salz	Bringt Dir die sexuelle Liebe und Leidenschaft
Silver Magnetic Sand	Silber anziehender Sand	Bringt Silberstücke und Reichtum
White Salt	Weißes Salz	Reinheit und stärkt die Aura des Hauses
Witch´s Salt	Hexensalz	Schutz vor Hexenzauber und magischen Angriffen

Über die Magie des Staubes und der Erde

Gerade im Voodoo wird die Erde für nahezu alle Dinge verehrt und alles kommt und entsteht aus ihr. Da ist es nicht verwunderlich, dass auch so unbedeutende Dinge wie Sand, Erde, und Staub eine Bedeutung haben. Alles was auf der Erde oder an Wegkreuzungen in der Natur liegt ist Elegua dem Torwächter zugeordnet und es gibt einige Santero-Priester die darauf schwören Erde oder Staub von verschiedenen Kirchen sei heilig. Deshalb werden daraus Amulette und Talismane gefertigt die verschiedene Zwecke haben können. Auch in der Hexenmagie gibt es die Sympathiemagie die ähnlich verfährt. Hier eine Auflistung der verschiedenen Sorten:

Staub und Erde von Straßenecken	**Laut Überlieferung öffnet es Dir die Türen zum Erfolg.**
Staub und Erde von Bergen/Gebirge	**Wird verwendet um mit Geistern zu kommunizieren und für Reinigungsrituale.**
Staub und Erde von Wäldern	**Wird in Voodoo-Zaubern für Schutz verwendet.**
Staub und Erde von Gefängnissen	**Wird für Voodoo-Zauber verwendet um Jemanden aus dem Gefängnis zu holen oder Jemanden ins Gefängnis zu bringen.**
Staub und Erde von Polizeistationen	**Um jemandem die Polizei auf den Hals zu hetzen. Privat oder geschäftlich.**
Staub und Erde von Banken	**Wir verwendet für Wohlstand und Reichtum.**
Staub und Erde von einem Indianer-Friedhof	**Wird in Voodoo-Zaubern für Schutz verwendet.**
Staub und Erde von vier Kirchen	**Für Reinigungszauber.**
Staub und Erde von einem Krankenhaus	**Für Reinigungs- oder Schadenszauber.**
Staub und Erde von einem Hexenhaus	**Für Macht und Schadenszauber.**
Staub und Erde von einem Santeriahaus	**Wird in Voodoo-Zaubern für Schutz verwendet.**
Staub und Erde von einem Gerichtsgebäude	**Um Gerichtsverhandlungen zu gewinnen.**
Staub und Erde um Mitternacht von 12 Feldern gesammelt	**Wird in Voodoo-Zaubern für Schutz verwendet.**
Staub und Erde von einem Pferderennplatz	**Für Glück bei Glücksspielen.**
Staub und Erde von einer Schuhsohle	**Für Macht- und Schadenszauber.**

Staub und Erde von einem Hundeplatz	**Für Rivalitätszauber und siegreiche Geschäfte.**
Staub und Erde von einem Casino	**Wird verwendet für Wohlstand und Reichtum.**
Staub und Erde von einem Soldatengrab	**Für Reinigungs- oder Schutzzauber.**
Staub und Erde von einer Bücherei	**Für Weisheit und Wissen.**
Staub und Erde von einer Arztpraxis	**Für Reinigungs- oder Heilungszauber.**

Voodoo-Bäder

Im Voodoo spielen rituelle Reinigungsbäder eine sehr große Rolle. Bevor Du in die Wanne steigst solltest Du sauber sein und Dich mit Seife (am besten Drachenblutseife) oder einem Shampoo gewaschen haben. Danach kommt erst das Voodoo-Bad, segne das Wasser und steige dann hinein und bedecke Dich ganz damit, noch besser ist, Du tauchst ganz unter und übergibst somit dem Wasser all Deine Probleme. Du kannst ein Kräuterbad machen oder ein rituelles Farbbad. **Dieses rituelle Bad sollte mindestens 15 Minuten dauern**, wichtig dabei ist Deine Konzentration auf Dein Vorhaben und Deine Vorstellungskraft! Übergib alle Deine Probleme dem Wasser, egal ob Du es nun mit Kräutern oder Farbe auflädst.

Bei beiden ist es wichtig das Wasser sowie die Kräuter schnell wieder zu entsorgen und gut die Wanne wieder zu reinigen. Es dürfen keine Überreste in der Wanne bleiben, sonst hängen Dir diese Fremdenergien weiterhin an und Du kannst das Ritual nochmal vollziehen. Am besten Du reinigst Deine Badewanne mit Salz und einem guten Bade-Reinigungsmittel Deiner Wahl.

Nun aber zu den Voodoo-Bädern: Es gibt verschiedene fertige Mischungen im Handel zu kaufen die sich hervorragend eignen, ich empfehle wie immer nur die Original-Mischungen aus den USA zu verwenden am besten die Mischungen von den **7 Sisters™** oder **Indio® Products**. Beide Marken sind traditionelle Farbwasser zur Reinigung des Hauses oder als Badezusatz. Es gibt diese Mischungen in folgenden Farben:

Rote Badezusätze: St. Michael, Dragons Blood

Grüne Badezusätze: 7 African Powers, Money

Blaue Badezusätze: Peaceful Home, Glory Water

Gelbe Badezusätze: Fast Luck, Success

Violette Badezusätze: High John the Conqueror

Pinkfarbene Badezusätze: Love Me, Come to Me.

Weiße Badezusätze: Van Van, Old Indian Water

Möchtest Du selber "mischen" und schon im Vorfeld Deine Energie in diese Badezusätze geben, so kaufe Dir einfach Lebensmittelfarbe und färbe damit weißes Meersalz ein. Konzentriere Dich dabei auf Deinen Wunsch. Möchtest Du diese Salze noch verfeinern, kannst Du der Farbe die entsprechend zugeordneten Kräuter oder ätherische Öle hinzufügen:

Rotes Bad: Johanneskraut, Rote Pfefferschoten

Grünes Bad: Beinwell, Waldmeister

Blaues Bad: Lavendel, Rosmarin

Gelbes Bad: Schafgabe, Yellow Dock/ Ampfergrindwurzel, Kurkuma

Violettes Bad: Lavendel, Drachenblut

Pinkfarbenes Bad: Rosenblüten, Jasminblüten

Weißes Bad: Anis, Lotusblüte, Lilien

Voodoo-Wasser

Ebenfalls in Deutschland unbekannt sind die speziellen Voodoo-Wasser die für spezielle Rituale verwendet werden, ich möchte diese jedoch erwähnen da sie Teil der Voodoo-Tradition sind.

Hier eine kleine Auflistung:

Regenwasser – zum Anziehen von Glück

Seewasser – für Schutz

Flusswasser – spirituelle Zwecke

Meerwasser – Santeria-Rituale und Fruchtbarkeitsrituale

Florida Water – ähnliche Wirkung wie Weihwasser zur Reinigung und Schutz, alternativ verwendet man hier in Europa **„Kölnisch Wasser"**.

Original Voodoo-Öle

Die Anwendung von Voodoo-Ölen hat eine lange Tradition. Diese Öle werden zum Einreiben der Ritualkerzen, Amulette, Siegel, Voodoo-Fetische, Zugabe ins Badewasser oder als Parfüm benutzt. Ähnlich wie bei den magischen Ölen von Anna Riva siehe „*Ratgeber der Hexenmagie*", sind die Voodoo-Öle etwas ganz Besonderes. Sie werden meist nach überlieferten Rezepturen gefertigt, bestehend aus Kräutern die in der Umgebung wachsen. Insgesamt gibt es 147 verschiedene Sorten. Durch die Weiterentwicklung des Voodoo und durch die tägliche Praxis haben sich noch viele weitere Düfte entwickelt, so dass es mittlerweile über 400 verschiedene Sorten sind, ich habe hier jedoch nur die ursprünglichen Öle, soweit wie möglich, nach Marie Laveau erwähnt. Diese Öle eignen sich für alle Arten von Voodoo-Zauber egal ob für positive oder negative Zwecke. Die Verantwortung für das magische Handeln liegt deshalb bei jedem einzelnen selbst.

Einc komplcttc Auflistung allcr magischcn Ölc, Hcxcnölc, Ritualölc und Voodoo-Öle findest Du im Internet auf meiner magischen Hexenölseite:

www.anna-riva-hexenladen.de

Wer nicht so viel Zeit hat seine eigenen Öle herzustellen, kann diese Mischungen auch kaufen, was anzuraten ist, da die Rezepte ohnehin geheim sind. Es gibt wie bei den magischen Ölen viele Hersteller und Marken.

Ich möchte hier besonders auf die **New Orleans Voodoo-Öle** von **Maude** eine Voodoo-Priesterin der Heiligen Sieben Schwestern eingehen. Diese sind besonders wirkungsvoll und nach Rezepturen von **Marie Laveau´s** Vorgaben gefertigt worden.

Originalabfüllung in 14ml-Fläschchen. Folgenden Sorten sind erhältlich:

Original Name	***Deutsche Übersetzung***	***Wirkung***
7 African Powers	7 afrikanische Mächte	Beistand der Voodoo- Götter
7 Gods of Luck	7 Götter des Glücks	Glück, Reichtum und Ruhm
7 Holy Spirits	7 Heilige Geister	Schutz und Beistand aus der Anderswelt
Adam & Eve	Adam & Eva	Liebesformel für Paare
African Ju Ju	Afrikanischer Zauber	Schutz vor Flüchen

All Purpose	Für jeden Zweck	Als Zugabe zu jedem Öl
Altar	Altar	Segnung von Gegenständen
Attraction	Anziehung	Liebe, Aufmerksamkeit
Bat´s Blood	Fledermaus Blut	Bestrafung für Feinde
Bend Over	Beuge Dich	Willenszwang
Better Business	Bessere Geschäfte	Kunden gewinnen
Bingo	Glücksspiele	Glück beim Bingo
Black Art	Schwarze Kunst (Magie)	Verfluchungen
Black Cat	Schwarze Katze	Für Glück
Black Protection	Schwarzer Schutz	Schutz vor Schwarzer Magie
Blessed Favor	Heilliger Beistand	Anrufungen & Gebete
Boss Fix	Chef "Reparatur"	Gutes Arbeitsklima
Break Up	Trennen	Partnerschaft lösen
Cast off Evil	Böses austreiben	Schutzöl
Cleo May	Cleo May	Erotikformel
Cleopatra	Königin Kleopatra	Erotik, Liebe und Verführung
Clerance	Reinheit	Reinigung
Come to me	Komm zu mir	Anziehung
Commanding	Kommando	Befehlsgewalt
Commanding Pepper	Kommando-Pfeffer	Schutz vor Bösem
Compelling	Befehlen	Macht über andere
Concentration	Konzentration	Ritualkonzentration
Confusion	Verwirrung	Feinde verwirren
Conquering Glory	Erfolgreicher Sieg	Erfolg
Controlling	Kontrolle	Macht über andere
Courage	Mut	Kraft und Mut bekommen
Court Case	Gerichtssaal	Hilfe bei Gericht
Crossing	Durchkreuzen	Flüche auflösen
Culebra Snake	Schlange	Hilfe bei Gericht
Desire Me	Begehre Mich	Liebesmischung
Destroy Everything	Alles zerstören	Schutzmischung
Do As I Say	Tue was Ich sage	Kontrolle einer Person

Domination	Dominanz	Willen verstärken
Double Cross	Doppelte Durchkreuzung	Verhexungen brechen
Dragon´s Blood	Drachenblut	Starker Schutz
Drawing	Heranziehen	Anziehung
Drive Away Evil	Böses Vertreiben	Schutz vor Bösem
Fast Luck	Schnelles Glück	Glück
Fast Money	Schnelles Geld	Geld in Eile
Fast Success	Schneller Erfolg	Erfolgreich sein
Fire of Love	Feuer der Liebe	Erotikmischung
Follow Me	Folge Mir	Hilfe bei Behörden
Follow Me Boy	Folge Mir Junge	Hilfe bei Gericht oder in der Liebe
Follow Me Girl	Folge Mir Mädchen	Liebesmischung für Männer
Free	Freiheit	Probleme lösen
Gambler´s	Glücksspiele	Glück im Spiel
Give Me Your Money	Gib mir Dein Geld	Schulden eintreiben
Glow of Attraction	Umwerfende Ausstrahlung	Ausstrahlung verbessern
Go Away Evil	Böses Vertreiben	Schutz des Heimes
Good Luck	Viel Glück	Prüfungen bestehen
Has No Hanna	Hat kein Geld	Geld bekommen
Healing	Heilung	Selbstheilung
Helping Hand	Helfende Hand	Erfolgreich sein
Hold Your Man	Halte Deinen Mann	Fremdgehen verhindern
Holy	Heilig	Salbung und Weihe
Hot Foot	Heiße Füße	Böse Menschen verschwinden
Hug Me Tight	Sanfte Umarmung	Liebesmischung Harmonie
Indian Musk	Indianischer Moschus	Erotikmischung
Irresisteble	Unwiderstehlich	Ausstrahlung erhöhen
Jasmin	Jasmin	Liebesmischung
Jinx Killer	Hexentöter	Schutz vor Hexenflüchen

Jinx Removing	Hexenbrecher	Hexenfluch zurücksenden
Job	Arbeitsplatz	Eine Arbeitsstelle bekommen
Jockey Club	Pferderennen	Glück beim Pferderennen
John the Conqueror	Johannes der Eroberer	Erfolgreich sein und Heiterkeit
Keep Away Evil	Böses bleib weg	Schutz des Heimes
Keep Away Spirits	Geister bleibt weg	Schutz vor bösen Geistern
Keep Away Trouble	Ärger bleib weg	Ärger in Leichtigkeit verwandeln
King Solomon	König Solomon	Weisheit und Wissen
Lady Luck	Glück für Frauen	Spezialmischung
Law Stay Away	Kein Ärger mit dem Gesetz	Beschwerden vertreiben
Love Breaker	Trennung	Beziehung lösen
Love Drawing Power	Liebeskraft	Liebe verstärken
Love Drops	Liebestropfen	Verlangen stärken
Lovers/Attraction	Liebespaar	Beziehung fördern, Harmonie
Luck in Hurry	Glück auf die Schnelle	Schnelles Glück
Lucky Hand	Glückshand	Pechsträhne beenden
Lucky Lottery	Glück im Lottospiel	Bei Lottospielern sehr beliebt
Lucky Mojo	Glücksbeutel	Kraft und Energie
Lucky Prophet	Glücklicher Wahrsager	Hellsicht
Luky Nine Mixture	Glücksmischung der Neun	Glück und Segen
Magnet	Magnet	Anziehung von Glück, Geld, Liebe
Masters	Meister	Verleiht Kraft und Schutz
Midnight	Mitternacht	Voodoo-Liebesöl
Money Drawing	Geld anziehen	Geld bekommen
No One But Me	Niemand anders als Ich	Entscheidung zu seinen Gunsten
Nutmeg	Muskat	Hellsicht
Otto of Rose	Rosenduft	Romantik

Peace	Frieden	Innere Ruhe
Peaceful Home	Friedliches Zuhause	Schutz für das Zuhause
Power	Kraft	Energie, Kraft
Prosperity	Reichtum	Wohlstand
Protection	Schutz	Schützt vor dem Bösen Blick
Protection from Envy	Schutz vor Feinden	Feinde können nicht eintreten
Protection from Harm	Schutz vor Übergriffen	Aura versiegeln
Quick Money	Geld in Eile	Schnelle Hilfe bei Geldnot
Radiant Health	Strahlende Gesundheit	Selbstheilungskräfte stärken
Reversible	Umkehrung	Sendet negatives zum Absender zurück
Run Devil Run	Renn Teufel renn	Schützt vor bösen Mächten
Satan Be Gone	Satan verschwinde	Gegen Satansjünger
Seperation	Spaltung	Trennung von Beziehungen
Showers of Gold	Golddusche	Freude und Geld in Schnelle
Snake	Schlange	Hilfe bei Gericht, Kraft
Special # 20	Spezialmischung Nummer 20	Glücksmischung
Special Favor	Spezieller Gefallen	Hilfe von dritten Personen bekommen
Spell Breaker	Zauberbrecher	Löst Zauber auf
Spirit	Geist	Hilfe bei Jenseitskontakten
Spiritual Powers	Geistige Kraft	Geistige Stärke
Squint	Seitenblicke	Fremdgehen verhindern
Stay Away	Bleib fort	Hält böses fern
Stay Home	Bleib Zuhause	Lässt den Partner zuhause bleiben
Steady Work	Beständige Arbeit	Arbeitsplatz sichern
Stop Evil	Stoppt Böses	Schutz für das Haus
Strong Love	Starke Liebe	Verstärkt die Liebesenergie
Success	Erfolg	Bringt Erfolg
Success in Business	Erfolg im Geschäft	Kundengewinn

Uncrossing	Durchkreuzen	Auflösen von Problemen
Van Van	Van Van	Glück und Salbungsmischung für Kraft/Amulette
Victory Over Evil	Sieg über das Böse	Negative Energien verschwinden
Voodoo	Voodoo -Zauber	Hilfe bei allen Voodoo-Zaubern
Wealthy Way	Weg des Wohlstandes	Verhilft zu Reichtum
Winning Number	Gewinnnummer	Glück im Spiel
Zodiac	Zodiac	Verstärkt alle positiven Eigenschaften eines Sternzeichens

Orisha-Öle

Eine weitere Besonderheit unter den Voodoo-Ölen sind die *Orisha-Öle* (hergestellt in den USA) diese sind speziell für die Orishas (Voodoo-Götter) hergestellt worden. Um mit ihnen leichter in Verbindung treten zu können und können als Opfergabe bei dem jeweiligen Ritual verwendet werden. Aber auch zum Einreiben der Altarkerzen oder Opferkerzen.

Orisha-Öl	Wirkung	Ritualplatz
Elegua	beseitigt Hindernisse, öffnet Türen	Hinter der Tür, Kreuzungen, Wälder
Obatala	steht für eine feinstoffliche Reinigung	Berge, Wälder
Ochosi	Bringt Geld, Liebe und Glück.	Wälder, Naturschutzgebiete

 **Yemaya**	Steht für Schutz, besonders Frauen und Kinder.	Meere, Seen (Salzwasser)
 **Ogun**	Erfolgreiche Arbeit und berufliche Chancen.	Eisenbahnstraßen, Wälder, Schmiede
 **Orunla**	Steht für Weisheit. Orakel, Hellsicht.	Friedhof, Gedenkstädten
 **Oshun**	Steht für Liebe und Partnerschaft. Aber auch Familie und Freunde.	Flüsse, Seen (Süßwasser)
 **Chango**	Bringt Freude ins Leben, schütz vor Gefahr und magischen Angriffen.	Stellen an denen der Blitz eingeschlagen hat, unter Bäumen
 **7 African Powers**	Universeller Schutz und Hilfe aller Orishas zusammen.	Kirche, Hausaltäre

Voodoo-Amulette

Auch „Voodoo Charms“ genannt, werden getragen zum Schutz und zur Ritualausübung bei der Anrufung eines speziellen Orisha´s (Gottheit) oder auch Loa genannt. Wichtig ist auch der Wochentag an dem man das Amulett benutzen sollte. Dieser unterscheidet sich von den regulären Voodoo-Wochentagen. Es gibt folgende Voodoo-Amulette in Europa zu kaufen:

NAME	BEDEUTUNG	OPFER	ZEIT
Agwe	der Herrscher der See Loa. Agwe, der Hüter der Meere ist der Meister der geheimen Unterwelt. Mit diesem Amulett wird Agwe wachsam Deine Reisen beschützen, sei es zu Land oder zu Wasser.	Wickle Steinsalz in blaues Papier und lasse es sachte in einen Fluss, See oder das Meer fallen.	Mitternacht
Brigitte	Großmutter Loa Brigitte. Benutze diesen Voodoo Anhänger, um Glück zu haben und dieses zu halten. Brigitte ist ein weiser alter Loa, die ihre besonderen Einflüsse nutzen kann, um auf den Träger ein wachsames Auge zu haben und ihm ein gutes Schicksal zu garantieren.	Wickle eine violette mit Teeblättern bestreute Blume in schwarzes Papier und lege sie an irgendeinem Tag an einen Baum.	nach Sonnenuntergang
Damballah	Das ist ein sehr starker Anhänger, um die Fruchtbarkeit zu fördern, der sowohl von einem Mann als auch einer Frau verwendet werden kann. Dieser Fruchtbarkeitsanhänger ist äußerst wirksam, wenn er während des Liebesaktes unter das Kopfkissen gelegt wird. Damballah hat die natürliche Kraft, Energie und Stärke alles zu erhellen und der Voodoo-Praktizierende nutzt diese Kraft, um die Empfängnis zu unterstützen.	Mit Mehl bestäubte und in weißes Papier gewickelte Weintrauben, die an einem See, Fluss oder Bach hinterlegt werden.	Do

Erzulie	Göttin der Liebe, Königin des Mondes Loa Erzulie. Erzulie, die beliebteste aller Loa, gewährt dem Träger dieses Voodoo-Anhängers großzügig Freude und wahre Liebe. Erzulie	Eine Knoblauchzehe in rosa Papier gewickelt, bedeckt mit Wasser.	Di
Eshu	Dieser Voodoo-Anhänger enthält die besondere Kraft von Loa Eshu, der den Träger wild vor jedem Unglück beschützen wird. Bitte vergewissere dich, dass du diesen Anhänger nur benutzt, wenn du ihn brauchst, da es Loa Eshu nicht mag grundlos herbeigerufen zu werden.	Wickle etwas Süßes in rotes Papier und vergrabe oder verstecke es bei deiner Haustür.	Fr
Guede	Der große Torwächter der Unterwelt mit diesem Voodoo-Anhänger kann Loa Guede erbitten, dass ein wachsames Auge von oben auf dich gerichtet ist, aber er kann nicht entscheiden, welcher Kontakt hergestellt wird. Also sei offen, um eine Nachricht von einem verstorbenen Nahestehenden zu erhalten.	Wickle eine weiße Blume in schwarzes Papier und lege es eine Woche lang jede Nacht neben eine Kerze.	Sa
Legba	Die Energie der Sonne; dieser Voodoo-Anhänger wird von Voodoo-Medizinern getragen, um große Kraft während der Zeremonien zu manifestieren. Trage es selbst, um bedeutende Höhepunkte magischer Energie zu erreichen.	Drücke das Symbol eines Pentagramms in Silberfolie und wickle sie in ein schwarzes Papier. Werfe es an einem windigen Tag in die Luft.	Sturm/ Wind
Loa Loco	Meister der Heilpflanzen Loco. Dieser beruhigende Voodoo-Anhänger erschafft für dich eine heilsame Zuflucht. Wenn du eine starke Windbö spürst oder einen schönen Schmetterling bemerkst, dann kannst du dir sicher sein, dass deine Gebete erhört wurden.	Wickel drei rote Blumen in ein grünes Papier oder Stoff und hänge sie an einen Baum.	Mi

Ogun	Der siegreiche und ehrenwerte Krieger. Durch diesen Voodoo-Anhänger erhältst du die gewaltige Stärke von Loa Ogun, der dafür bekannt ist, den Träger vor einem nahenden Angriff zu schützen und ihm den Triumph über die gegnerische Partei zu sichern.	Lege den roten Teil einer Mangoschale, eingewickelt in Alufolie, irgendwo an einen Platz im Freien hin, auf den die Sonne scheint.	Mi
Oshun	Die prächtige Erdenmutter Oshun. Die enorme Energie von Loa Oshun kann durch diesen Anhänger erweckt werden. Durch Oshun wirst du in der Lage sein finanziell zu wachsen und zu expandieren.	Wickle drei Kupfermünzen in braunes Papier und vergrabe sie unter einem Baum.	Di
Sambini	Geist des Feuers, der Stürme und des Blitzes Loa Sambini. Die ehrfurchtgebietende Kraft dieses Voodoo-Anhängers ist in der Lage die Seele zu entflammen. Sie ist am stärksten, wenn der Anhänger nahe bei Liebenden platziert wird, die eine leidenschaftliche Energie erwecken möchten. Die Schlangen repräsentieren die zusammengerollte Energie, die plötzlich aktiv werden kann, dich mit Gefühlen überrollt und dich überwältigen kann, also benutze den Anhänger nur wenn nötig.	Wickle Reiskörner in rotes Papier und lege es irgendwo an einen Platz im Freien hin, auf den die Sonne scheint.	SA
Chango	Die Wasserschlange. Dieser Anhänger enthält kraftvolle Veve, die den Prozess zur Zufriedenheit im Beruf wirksam beschleunigen und, wenn es gebraucht wird, die richtigen Türen öffnen. Außerdem senden sie Geisteskräfte aus, die den Träger in Richtung Befriedigung leiten.	In Wasser eingeweichtes und in grünes Papier gewickeltes Brot, welches an einem natürlichen Wasserlauf hinterlegt wird.	SA

Voodoo-Kerzen

Wie bereits in meinem ersten Buch *„Ratgeber der Hexenmagie“* erwähnt, stammt die Ur-Form der Figurenkerzen aus dem Voodoo und wird dementsprechend in beiden magischen Kulturen benutzt. Eine genaue Erklärung und Bedeutung aller magischen Figurenkerzen findest Du in meinem ersten Buch. Ich möchte hier speziell auf die Voodoo spezifischen Details eingehen:

Kerzenfarben des Voodoo

Diese unterscheiden sich etwas im Gegensatz zur allgemeinen Hexenmagie:

Braun Beständigkeit, Ausdauer, Herbsternte Orisha: Oya.

Orange werden für Schutz und Kraft benutzt Orisha: Damballah.

Schwarz wird für negative Zwecke und der Kommunikation mit den Geistern der Nacht verwendet. Außerdem ist es die Farbe des Holy Death. **Holy Death = Santisima Muerte**, Voodoo-Kult aus New Mexico.

Gelb wird in der Voodoo-Magie für Liebeszauber und Gesundheitsrituale benutzt. Orisha: Ochun.

Weiß wird zur Kommunikation mit den himmlischen Mächten wie Engel, Schutzgeister oder persönlicher Geistführer verwendet. Orisha: Obatala.

Rot wird verwendet für sexuelle Liebe und beherrschende Zauber. Orisha: Chango.

Blau wird für Frieden und Beschaulichkeit zum Ausgleichen einer Situation verwendet. Orisha: Yemaya.

Lila wird für Kraft und Stärke benutzt, sind dem Orisha: Ochosi zugeordnet.

Grün für Geld und Reichtumszauber. Zuordnung findet die Farbe Grün in den Seven African Powers.

Rose wird für Liebeszauber benutzt und bringt wieder das Glück zurück.

Gold Kraft und Wohlstand zugeordnet der Kraft reinen Gottes.

Silber Schutz und Stabilität Orisha: Ogun.

Palmölkerzen

Die klassischen Voodoo-Kerzen werden aus Palmöl hergestellt, sie sind in Europa gänzlich unbekannt. Als Ersatz eignet sich Bienenwachs- oder handelsübliche Parafinwachskerzen.

Kerzenzuordnung nach Marie Laveau

Marie Laveau empfiehlt für ihre Voodoo-Rituale folgende Kerzenfarben:

Wohlstand, Reichtum .... Rot und Grün
Liebe .... Rosa und Rot
Frieden...................................... Weiß
Anziehung .... Gelb
Fluchbrechung.......................... Schwarz
Rücksendung .... Reversible
Für geistige Arbeit.................... Lila
Arbeit.. Weiß und Rot
Energie senden .... Weiß und Pink
Kartenlesen............................... Rot und Weiß
Schutz .... Rot und Doubel Action
Feste und Feiertage.................. Weiß und Bienenwachs
Konzentration .... Lila und Weiß
Erfolg.. Tripel Action
Spezielle Bitten......................... Braun
Freundschaft .... Blau
Fröhlichkeit, Glück.................. Blau und Orange
Einfluss.................................... Braun und Rosa
Heilung eines Kranken .... Weiß

Astralkerzenfarben nach Marie Laveau

Diese Kerzen stellen eine sehr starke Verbindung zu der persönlichen Kraft her, bei allen Ritualen die eine Personenkerze erfordern, können diese eingesetzt werden zur Verstärkung der eigenen Kraft. Alternativ kann eine Voodoo-Puppenkerze dem eigenen Geschlecht entsprechend verwendet werden.

So bestimmst Du Deine Astralfarben – Bist Du geboren im:

- **Januar** so nimm: **Rot und Gold.**
- **Februar** so nimm: **Gelb und Blau.**
- **März** so nimm: **Blau und Grün.**
- **April** so nimm: **Rosa und Orange.**
- **Mai** so nimm: **Blau und Gold.**
- **Juni** so nimm: **Rot und Blau.**
- **Juli** so nimm: **Rot und Grün.**
- **August** so nimm: **Rosa und Orange.**
- **September** so nimm: **Rosa und Gold.**
- **Oktober** so nimm: **Pink und Gold.**
- **November** so nimm: **Gelb und Blau.**
- **Dezember** so nimm: **Rot und Orange.**

Besondere Kerzenformen in der Voodoo-Magie

Voodoo-Figurenkerzen

Mann-Frau-Kerzen
Diese Kerzen sind bereits in meinem ersten Buch besprochen worden. An dieser Stelle sei nur noch erwähnt, dass diese Kerzen in der Voodoo-Magie als ***Voodoo-Puppenkerzen*** verwendet werden und Nadeln in bestimmte Körperteile gesteckt werden, um die Kraft einer Person zu verstärken oder gänzlich zu entziehen, je nach Ritualzweck.

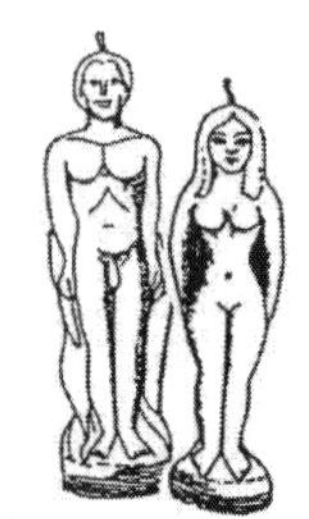

Holy Death – Santisima Muerte
Santisima Muerte ist der spanische Ausdruck für Holy Death.

Diese spezielle Voodoo-Kerzenform stellt den klassischen Sensenmann dar.

Es gibt sogar einen eigenen Santisima Muerte Hexenkult in New Mexiko. Die Gestalt des Holy Death wird dort hochverehrt, denn sie besitzt große Macht über den Tod, die Toten und Friedhöfe dieser Erde sowie die schwarzen Künste.

Eingeweihte in die Kunst der Santisima Muerte besitzen große Fähigkeiten und können das Geschick zum Guten oder Schlechten beeinflussen. Außerdem wird die Gestalt der Santisima Muerte für Liebesangelegenheiten aller Art kontaktiert. In der Voodoo-Magie stehen diese Kerzen für die Liebe die über den Tod hinausgeht. Gesalbt werden diese Ritualkerzen mit dem gleichnamigen *Holy Death Öl.* Je nach Kerzenfarbe gibt es anderer Verwendungsmöglichkeiten:

Holy Death Rot – für Liebeszauber und eine Liebe, die stärker ist als der Tod
Anmerkung: Dieser Zauber sollte nur mit äußerster Vorsicht angewendet werden, da durch solch ein Ritual ein Versprechen eingegangen wird, das auch über den Tod hinaus Gültigkeit hat. Also vorsichtig, solch ein Ritual kann falsch angewendet karmische Bänder knüpfen!

Holy Death Weiß – für Trauerarbeit
Diese Kerze lässt den Verlust einer geliebten Person oder den Tod eines geliebten Menschen leichter verkraften. Sie erleichtert auch den Übergang des Verstorbenen ins Totenreich, wenn sie im Zimmer der verstorbenen Person angezündet wird und ein kleines Gebet gesprochen wird.

Beispiel eines Gebetes:

„Geliebte/r... Name... ich lass Dich gehen, finde deinen Frieden, wenn meine Zeit gekommen ist, werden wir uns wiedersehen.“

Holy Death Schwarz – für die Beendigung einer Beziehung oder Todeszauber
Die schwarze Holy Death Kerze steht für den Tod einer Beziehung oder Situation, die nun endlich aus dem Leben verschwinden soll. Geübte Praktiker der Voodoo-Magie können den realen Tod mit dieser Kerze zu ihren Feinden schicken. Also bitte vorsichtig bei dieser Kerze sein, **der ungeübte Laie sollte auf keinen Fall mit Todeszaubern arbeiten!**

Kobrakerze
Diese Kerzen in der Form einer Kobra sind dem Schlangengott **Damballah** geweiht und werden in der Voodoo-Magie für folgende Zwecke verwendet: Das ist ein sehr starke Kerze, um die Fruchtbarkeit zu fördern, die sowohl von einem Mann als auch einer Frau verwendet werden kann. Diese Kerze ist äußerst wirksam, wenn sie während des Liebesaktes angezündet wird. Damballah hat die natürliche Kraft, Energie und Stärke alles zu erhellen und der Voodoo Praktizierende nutzt diese Kraft, um die Empfängnis zu unterstützen.

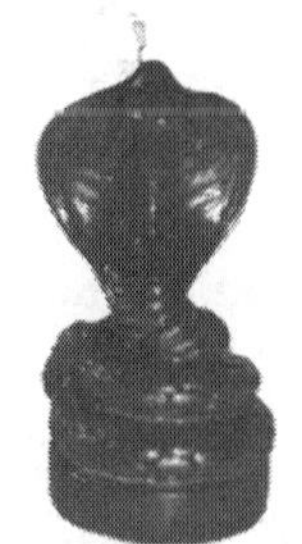

14 Tage Voodoo-Glaskerzen – Zweifarbig
Brenndauer: ca. 240 Stunden

Schwarz-Rot Diese Kerze wird verwendet um Flüche und Verhexungen, die eine Person heimsuchen, zu brechen.

Der zuständige Orisha ist Eleggua.

Grün-Gelb Diese Kerze wird für Reichtum und eine klare Sicht beim Hellsehen und für prophetische Träume verwendet. Der zuständige Orisha ist Orunla.

Weiß-Blau Diese Kerzen wird für Frieden und Harmonie im Haus verwendet. Der zugeordnete Orisha ist Yemaya.

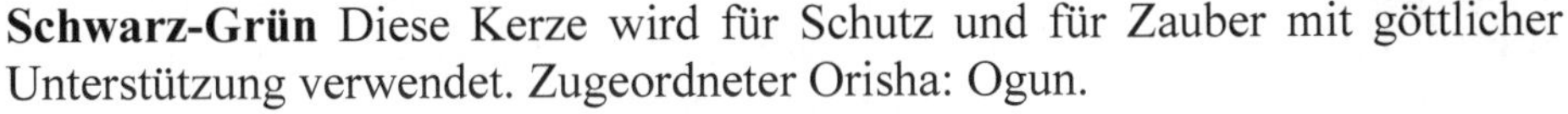

Schwarz-Grün Diese Kerze wird für Schutz und für Zauber mit göttlicher Unterstützung verwendet. Zugeordneter Orisha: Ogun.

Gelb-Rot Diese Kerze wird für Liebeszauber verwendet. Man unterscheidet dabei jedoch in Form von wahrhafter Liebe, dafür ist der Orisha: Ogun zuständig oder sexueller Liebe dafür ist der Orisha: Chango zuständig.

Spezielle 7-Tage Glaskerzen der Heiligen

Die Voodoo-Magie konnte nur überleben weil sie sich anpasste und wurde dadurch zur okkulten Geheimreligion mitten unter den Christen. Die Benutzung von Heiligen-Bildern oder Glaskerzen hatten nur eine Tarnfunktion und galten als Versteck für die eigenen Voodoo-Götter.

Hier eine kleine Liste der am häufigsten verwendeten Heiligenkerzen in der Voodoo-Magie:

Santisima Muerte – Diese Kerze wird verwendet, um Unterstützung aus dem Reich der Toten zu erhalten und für besondere Anlässe.

Sacred Heart of Jesus – Diese Kerze löst selbst stärkste Probleme und gibt Unterstützung in einer ausweglosen Situation.

Saint Antonio – Diese Kerze öffnet Dir die Tür zum Erfolg.

Saint Barbara – Diese Kerze wird verwendet, um Deine Feinde zu beherrschen und zu besiegen.

Saint Clara – Diese Kerze wird für spezielle Anforderungen aller Art benötigt.

Saint Francis of Assisi – Diese Kerze bringt Frieden und Glück in Dein Zuhause.

Saint Helena – Diese Kerze bringt Gerechtigkeit und Sieg über Deine Feinde bei Gericht.

Saint Judas – Diese Kerze bringt Dir Geld und Reichtum in Dein Haus.

Saint Lazaro – Diese Kerze wird verwendet um sehr kranke oder schwache Personen zu stärken.

Saint Martha – Diese Kerze wird verwendet um einen Liebhaber wieder zurückzuholen.

Saint Michael – Diese Kerze gibt Dir Schutz gegen den Bösen Blick und zerstört Deine Feinde.

Saint Ramon – Diese Kerze hält Dir Klatsch und Tratsch fern.

Saint Sebastian – Diese Kerze bringt Dir Glück und Erfolg in Deinen Geschäften.

Saint Simon – Diese Kerze wird verwendet für göttliche Unterstützung und Gerechtigkeit.

Sankt Teresia – Diese Kerze bringt Dir eine bestimmte geliebte Person herbei.

Sacred Heart of Mary – Diese Kerze gibt Dir Kraft und himmlischen Segen.

Seven African Powers – Diese Kerze wird verwendet zur himmlischen Unterstützung Deines Vorhabens von den Voodoo-Göttern.

Voodoo-Priester-Glaskerzen der 7 Sisters of New Orleans™

Voodoo-Priester-Glaskerzen gefertigt von einer der sieben heiligen Schwestern aus New Orleans Namens Maude. Bereits aufgeladen & besprochen, enthalten eine potente Mischung von Räucherungen und Ölen im Wachs.

Original-Name	**Deutsche Übersetzung**	**Wirkung**
Bend Over	Beuge Dich	Jemand seinem Willen unterwerfen
Better Business	Bessere Geschäfte	Bringt Kunden herbei
Binding	Binden	Jemanden an sich binden
Blessed Favor	Himmlische Unterstützung	Unterstützung bei Ritualen
Break Up	Untreue beenden	Beendet Untreue
Bring Back your Mate	Liebhaber zurückholen	Holt den Ex-Liebhaber zurück
Love Affair	Liebesaffäre	Bringt neue Liebschaften
Love Drawing	Liebe anziehen	Zieht sexuelle Liebe an
Lovers	Liebende	Treue
Luck in a Hurry	Schnelles Glück	Bringt das Glück herbei
Master Your Enemies	Herr über Deine Feinde	Macht über Deine Feinde
Problem Destroying	Probleme zerstören	Zerstört Probleme
Radiant Health	Wohlbefinden	Stärkt die Selbstheilungskräfte
Special Emergency	Besondere Notfälle	Hilfe in allen Notsituationen
St Jude Money Candel	Heiliger Judas	Bringt Geld herbei
St Michael Protection Candel	Heiliger Michael	Universeller Schutz
Stay at Home	Bleib Zuhause	Hält den Partner Zuhause
Steady Job	Beständiger Arbeitsplatz	Erhalt des Arbeitsplatzes
Victory over Evil	Sieg über das Böse	Vertreibt böse Energien

Die Sprache der Voodoo-Kerze

Kerzen sind magische Hilfsmittel und keineswegs nur bloße Gebrauchsgegenstände.

Oft können wir über das Verhalten der Kerze beim Abbrennen viel über unsere Ritualerfolge oder Misserfolge erfahren. Die hier dargestellte Kerzensprache gilt für Altarkerzen, Figurenkerzen, Stabkerzen, Teelichter und 7-Tage-Glaskerzen.

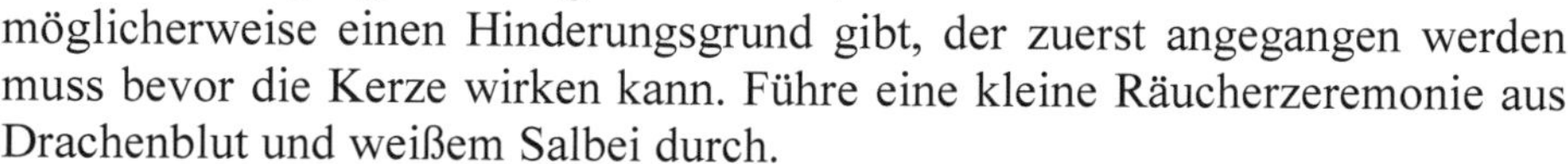

Häufige auftretende Fragen beim Abbrennen von 7-Tage-Voodoo-Glaskerzen:

Was kann es bedeuten, wenn die Kerze nicht brennt? Dafür gibt es mehrere Möglichkeiten:

1. Handelt es sich bei dieser Kerze um eine Schutz- oder Geldkerze? Dann sollte zuerst noch eine kleine Reinigung vollzogen werden, da es möglicherweise einen Hinderungsgrund gibt, der zuerst angegangen werden muss bevor die Kerze wirken kann. Führe eine kleine Räucherzeremonie aus Drachenblut und weißem Salbei durch.

2. Ist die Kerze dafür bestimmt jemanden zu beeinflussen? Dann könnte es sein, dass die Abwehrkraft desjenigen stärker ist und eine andere stärkere Kerze eingesetzt werden sollte.

Was kann es bedeuten, wenn die Kerze eine sehr große Flamme entwickelt? Das bedeutet, dass die magische Kraft sehr stark ist und der Zauber ideal und schnell wirkt. Handelt es sich dabei um eine Geldkerze umso besser! Handelt es sich um eine Kerze, die eine bestimmte Person beeinflussen soll, ist dies auch ideal, da diese bedeutet, dass die Person sich wenig zur Wehr setzt und optimal auf den Zauber reagiert.

Was kann es bedeuten, wenn die Kerze nur eine sehr kleine Flamme hat? Handelt es sich hierbei um eine Geld-, Glücks- oder Erfolgskerze ist nicht genügend Energie im Spiel. Vorher solltest Du noch eine kleine Zeremonie (am besten ein Hausputz mit Floorwashes „7 African Powers“) veranstalten und mal nachdenken was Deinem Wunsch noch im Wege steht. Handelt es sich um eine Kerze, die eine bestimmte Person beeinflussen oder manipulieren soll, so ist diese Person stärker als der Zauber und es muss ein anderer Zauber gewählt werden.

Was kann es bedeuten, wenn das Glas total schwarz ausgebrannt ist? Das bedeutet, dass sich bei dem Zauber jede Menge negative Energie angesammelt hat, die sich gegen Dich richten kann! Also reinige gründlich

Dein Zimmer mit Drachenblut oder weißem Salbei und zünde eine reversible Kerze an, die alle „Restenergie“ neutralisiert.

Was kann es bedeuten, wenn das Glas nur zur Hälfte schwarz ausgebrannt ist? Das bedeutet, dass Dein Zauber schon zu Anfang mit negativer Energie blockiert worden ist und Du solltest gründlich Dein Zimmer räuchern bevor Du weitermachst. Wenn dann alles gut verläuft hast Du die negativen Gegenkräfte neutralisiert wenn nicht, nochmals von vorne beginnen mit einer neuen Kerze!

Was kann es bedeuten, wenn das Glas zerspringt? Wenn diese Kerze für Dich selbst angezündet wurde heißt das, Du hast die negative Energie neutralisiert, wurde diese Kerze für jemanden anders angezündet, so ist der Schutzwall dieser Person aufgebrochen.

Was kann es bedeuten, wenn die Kerze mehr als eine Flamme hat? Handelt es sich um eine Kerze zum Schutz, so stellt die andere Flamme die Anwesenheit Deines Feindes dar. Möchtest Du Jemanden mit dieser Kerze beeinflussen, so erhält die Person Hilfe von einer dritten Person.

Was kann es bedeuten, wenn die Kerze flackert?

Dies deutet auf die Anwesenheit eines Geistwesens (Verstorbenen, Engel, Führer, Gottheit) hin. Entzünde eine „Angel“-Räucherung und stelle eine Schale mit lauwarmem Wasser, in die Du 3 Tropfen „Angel“-Öl gibst auf, um mit dieser Wesenheit zu kommunizieren.

Was kann es bedeuten, wenn die Kerze nach der Hälfte des Zaubers ausgeht? Das bedeutet, wenn es sich dabei um eine Kerze für Dich selbst handelt, dass Deine Geistführer für Dich die negativen Energien aufgelöst haben. Handelt es sich dabei um eine Kerzen um Jemanden zu beeinflussen, ist sein Zauber stärker und Du brauchst einen andern Zauber.

Was kann es bedeuten, wenn die Kerze früher als nach 7 Tagen ausbrennt? Das bedeutet, dass der Zauber sehr schnell und effektiv war, sollte es sich um eine Geld- oder Glückskerze handeln, umso besser. Geht es um eine Kerze zum persönlichen Schutz, solltest Du zusätzlich noch eine Stabkerze anzünden, weil es die 7-Tageskerze alleine nicht schaffte. Handelt es sich dabei um eine Beeinflussung einer anderen Person, so ist die Gegenwehr zwar groß aber der Zauber wird wirken.

Wie kann ich am besten die Kerze löschen?

Niemals mit den Fingern, sondern mit einem Kerzenlöscher.

Kann ich eine Kerze löschen und später noch einmal entzünden? Es kommt ganz darauf an um welche Art Kerze es sich handelt, bei Geld,-

Glücks,- Erfolgs,- Heilungs- oder Erfolgskerzen für einen selbst, geht das jederzeit. Handelt es sich aber um eine Schutz, Fluchbrecher- oder Verhexungskerze, so geht das auf keinen Fall und diese Kerzen müssen dauerhaft brennen bis diese erloschen sind.

Was kann es bedeuten, wenn eine ausgelöschte Kerze sich von selbst wieder entzündet?

Das ist etwas ganz Besonderes und bedeutet, dass Dein Schutzgeist Dir helfen möchte und es noch nicht an der Zeit war diese Kerze zu löschen. Lass die Kerze auf jeden Fall weiter brennen! Du bekommst verstärkte Unterstützung und Dein Zauber wird auf jeden Fall gelingen!

Wie kann ich meine Kerzenzauber noch zusätzlich verstärken?

Kerzenzauber lassen sich mit den entsprechenden magischen Ölen noch verstärken und auch magische Räucherungen oder Räucherstäbchen können Deinen Zauber verstärken. Auch mit Hilfe von Zauberpulvern oder magischen Salzen kannst Du die Kerzen verstärken.

Hier einige Tipps:

Kerzen „aufladen": Nimm eine Stabkerze Deiner Wahl und öle diese mit einem magnetischen Kerzenöl z. B. „Candle" „Magnet" oder „Come to Me" ein und wälze diese in Räucher- oder Zauberpulver Deiner Wahl, passend zu Deinem Ritual.

Kerzen „stärken": Ritze mit Deiner Athame oder einem Zahnstocher in die Kerze verschiedene Voodoo-Siegel, Sigillen oder Runen ein um die Kraft zu verstärken.

Glaskerzen „aufladen": Gib 15 Tropfen magisches Öl der (nicht brennenden!) Kerze hinzu und streue eine Prise duftende Zauberkristalle[1] in die Glaskerze um ihr mehr Kraft zu verleihen.

---

[1] Salzkristalle mit Duft „Bath Crystals". Dazu eignen sich die Sorten: Love Drawing, Money Drawing, Come to Me, Success, 7 African Powers oder Dragons Blood.

Voodoo-Kerzensprache

Eine alphabetisch geordnete Liste der einzelnen Themen und wie sie sich darstellen:

Ablehnung: Die Flamme brennt klein und flackert
Abreise: Die Flamme brennt klar und wird größer
Angriff: Die Flamme schlägt Funken und rußt
Angst: Die Flamme rußt und schlägt Funken
Arbeit: Die Flamme wird größer und brennt klar

Befreiung: Die Flamme wird größer
Betrug: Die Flamme rußt, dreht spiralenförmige Kreise, kann ausbrennen
Bosheit: Die Flamme schlägt Funken rußt und flackert

Einsamkeit: Die Flamme brennt schwach, die Kerze tröpfelt
Erbschaft: Der Docht lässt sich leicht anzünden die Flamme verdoppelt sich
Erfolg: Die Flamme verdoppelt sich, bleibt klar und leuchtend am Docht

Geburt: Die Flamme wird größer
Gefahr: Die Flamme rußt, tröpfelt brennt aus
Geheimnis: Die Flamme brennt sehr klein

Hass: Die Flamme schlägt Funken und rußt
Hochzeit: Die Flamme verdoppelt ihre Größe bleibt klar und zeigt eine leuchtende Spitze

Kampf: Die Flamme schlägt Funken

Liebe: Lässt sich leicht anzünden, brennt klar, die Flamme wächst sehr schnell, wenn die Liebe erwidert wird.

Lüge: Die Flamme schlägt Funken und rußt

Not: Die Flamme brennt schwach, geht aus

Mut: Die Flamme vergrößert sich sehr leuchtend

Opfern: Die Flamme brennt schwach und tröpfelt

Prüfung: Die Flamme wird größer, das Leuchten verspricht Glück
Prügel: Die Flamme schlägt Funken und rußt, tröpfelt

Rache: Die Flamme rußt, schlägt Funken
Reisen: Die Flamme brennt klar, wird größer

Schaden: Rußt und schlägt Funken
Schmerz: Die Kerze tropft schlägt Funken
Sterben: Die Kerze bildet Fettkügelchen aus, erlischt
Streit: Rußt, schlägt Funken

Trauer: Fett bildet sich an der Spitze des Dochtes. Die Kerze tropft und rußt, brennt aus

Unfruchtbarkeit: Die Kerze lässt sich beim ersten Versuch nicht anzünden, brennt sehr klein, geht oft aus
Untreue: Die Kerze tropft, rußt, schlägt Funken

Verbesserung: Die Flamme wird allmählich größer
Verlassen: Die Kerze brennt klein, geht aus.
Verlust: Die Kerze wird klein, brennt aus
Verzeihen: Die Flamme ist klar, wird größer

Zuwachs: Die Flamme verdoppelt ihre Größe, brennt sehr kalt.

Voodoo-Siegel VEVE´S nach Anna Riva

Voodoo-Siegel „Veves“ werden ähnlich wie die magischen Siegel verwendet.

Anleitung:
Nimm ein Stück Pergamentpapier oder ersatzweise Butterbrotpapier und zeichne das jeweilige Siegel mit Taubenbluttinte (ersatzweise geht auch ein schwarzer Stift) darauf. Öle das Siegel von oben nach unten, wenn es sich um ein positives Siegel handelt und Du etwas heranziehen möchtest, oder wenn es sich um ein negatives Siegel handelt von unten nach oben mit dem magischen Ölen ein. Danach salbe eine Kerze Deiner Wahl (Figurenkerze, Glaskerze, Stabkerze, Astralkerze…) mit den magischen Ölen, lege das Siegel darunter oder pinne es mit einer Stecknadel in die Mitte der Kerze und lass diese komplett herunterbrennen. Eine Anrufung der Voodoo-Götter ist bei diesen Siegeln nicht notwendig da diese schon die magische Kraft in Form des Siegels beinhalten. Achte dabei auf Deine Konzentration und versuche möglichst lange Dir ein klares Bild von Deinem Endergebnis vorzustellen und halte dieses Bild geistig 1-2 Minuten aufrecht, versuche es immer wieder, denn es wird nicht sofort klappen. Du solltest maximal 7-10 Minuten Dich auf Deinen Wunsch konzentrieren und danach ein kleine Pause einlegen. Du kannst im Abstand von 30 Minuten, solange die Kerze brennt, diese Übung wiederholen. Wenn alle Reste verbrannt sind, nimm die Asche und verstreue diese im Wind, vergrabe diese oder gib alles in ein fließendes Gewässer. Solltest Du Dein Ziel nicht erreicht haben so wiederhole einfach das Ritual noch einmal.

Magische Voodoo-Siegel sind an keine Wochentage oder Uhrzeiten gebunden! Nur die Mondphasen solltest Du berücksichtigen. Positive Wünsche bei zunehmendem Mond oder Vollmond, negative oder bannende Wünsche bei abnehmendem Mond.

Voodoo-Siegel	Name & Wirkung	Benutzung
 V-1	Arbeits-Veve 1 Hilft bei der Arbeit und Berufsbewältigung.	Job Öl + Peace Öl Lila Kerze
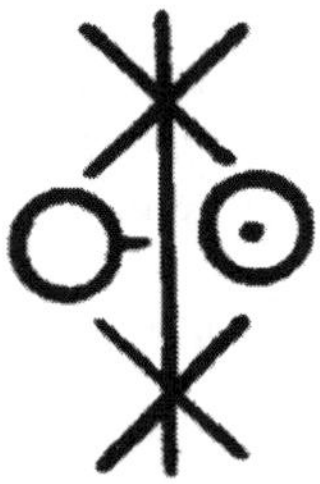 V-2	Liebes-Veve Verstärkt die Anziehungskraft einer Person oder den Liebhaber	Love Me Öl + Attraction Öl Rote Kerze
 V-3	Sucht-Veve Hilfe bei allen Suchterkrankungen wie Alkohol, Zigaretten oder Drogen.	Healing Öl + Sandalwood Öl Weiße Kerze

 V-4	Feind-Veve Bringt Deinen Feinden geistige Krankheiten und Durcheinander	Bats Blood Öl + Voodoo-Öl Doubel Action Kerze
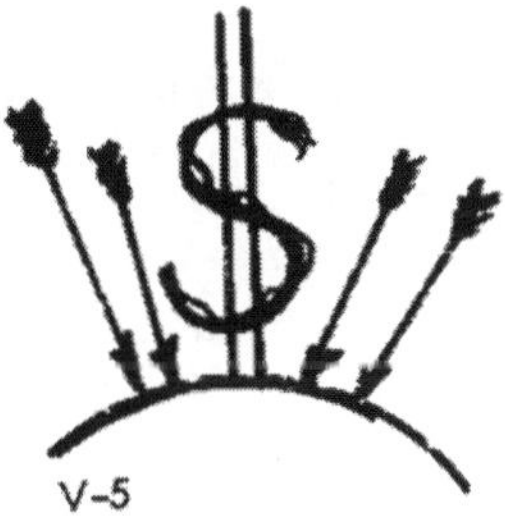 V-5	Geldschulden-Veve Treibt Schulden ein und bringt den Schuldner dazu zu zahlen	Pay Me Öl + Voodoo-Öl Grüne Kerze
 V-6	Beschwörungs-Veve Erlaubt Dir den Kontakt zur Geisterwelt (Gut oder Böse) und verleiht Dir Schutz.	Spirit Guide Öl + Temple Öl Weiße oder Rote Kerzen
 V-7	Sexualitäts-Veve Hilft Dir willenlos jemanden zu unterwerfen oder impotent zu machen.	Cleopatra Öl + Voodoo-Öl Rote oder Braune Kerzen

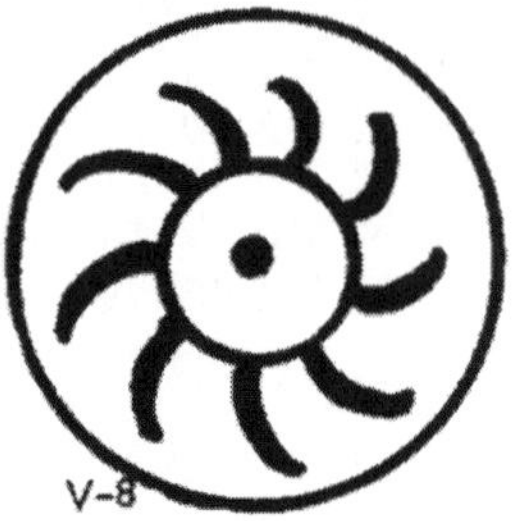 V-8	Schneller Schutz -Veve Hilft Dir, Dich schnell der Flüche oder Machenschaften Deiner Feinde zu entledigen.	Protection Öl + Uncrossing Öl Reversible Kerze
 V-9	Exorzismus-Veve Treibt unerwünschte Geister und Dämonen aus.	Exorcism Öl + Frankinsense Öl Reversible und Doubel Action Kerze
 V-10	Arbeits-Veve 2 Hilft Dir bei der Suche eines Arbeitsplatzes.	Sucess Öl + Come to Me Öl Lila oder Blaue Kerzen
 V-11	Heirats-Veve Hilft Dir dabei den Bund der Ehe einzugehen. Damit das wirklich funktioniert, sollte die Person, die diese Veve benutzt, mindestens verlobt sein.	Marriage Öl + Come to me Öl Rosa oder Rote Kerzen

V-12	Kredit-Veve Unterstützt Dich dabei einen Kredit oder Darlehen zu bekommen.	Money Drawing Öl + Ask You Please Öl Grüne Kerze
V-13	Glücksspiel-Veve Hilft Dir bei Glücksspielen zu gewinnen.	Black Cat Öl + Lucky Dog Öl Grüne oder Gelbe Kerzen

Opfergaben an die Orishas

Die Benutzung von Opferkräutern und Opferpflanzen, im Voodoo-Gebrauch *Ewe* genannt, wird als ganz besonders heilkräftig und machtvoll angesehen. Die einheimischen Kräuter aus der Umgebung werden nach einem speziellen Ritual von einem Priester/in oder kräuterkundigem Mitglied der Voodoo-Gesellschaft gesammelt und gereinigt. Jedem Orishas werden bestimmte Kräuter und Pflanzen zugeteilt. Meist wird aus ihnen ein Sud angesetzt, der auf dem Boden vergossen wird. Auch können die Kräuter getrocknet und als Räucheropfer an die Orishas dargebracht werden.

Orisha	**Kräuter (Ewe) für den rituellen Gebrauch**
Chango	Wegerich, Serenoa Repens (eine Palmart), Hibiskus, Asant, Sarasaparilla, Brennnesseln, Cayennepfeffer, Heiliger Feigenbaum, Zeder, Wegerich, Beinwell, Kamholz, rotes Sandelholz.
Obatala	Helmkraut, Salbei, Kolanuss, Basilikum, Ysop, Verbena hastata, Silberweide, Baldrian, tropische Mandeln, weiße Rübe, Bergtabak, Malve, immergrüner Paternosterbaum.
Elegua	Childblume, Guayave, Tabak, Zuckerrohr, Afrikanische Wicke, Schlickgras, Basilikum, Schildblume.
Oshun	Krausblättriger Ampfer, Klette, Zimt, Tumera Diffusa, Anis, Himbeere, Schafgarbe, Kamille, Lotus, Bärentraube, Myrrhe, Sonnenhut, Papaya, Zimt, Maniol, wilder Salat.
Ogun	Eukalyptus, Alfalfa, Weißdorn, Nordamerikanischer Alkannet, Petersilie, Beifuß, Knoblauch, Hauswurz, Ringelblume, Romerillo.
Orunla	Okra, Myrrhe, Weihrauch.
Ochosi	Patchouli, Alraune, Bilsenkraut, Schwarzer Stechapfel, Anis, Fenchel.
Oya	Königskerze, Beinwell, Kirschrinde, Knollige Seidenpflanze, Alant, Andorn, Miere, Sternapfelbaum, Palmlilie.
Yemaya	Seetang, Mitchellas repens, Christophskraut, Löwenzahn, Aloe, Lorbeer, Spirulina (Algen), Minzen, Passionsblume, wilde Yamswurzel.

Voodoo-Räuchermischungen

Jedes Kraut kann geräuchert werden und als Räucherung benutzt werden. Wer nicht so viel Zeit hat kann auf fertige Voodoo-Räuchermischungen zurückgreifen.

Ähnlich wie bei den magischen Räucherungen siehe *„Ratgeber der Hexenmagie"* sind auch die Voodoo-Räuchermischungen selbst entzündlich und Du benötigst keine Räucherkohle. Auch hier möchte ich speziell auf die Räuchermischungen von ***Maude*** einer Voodoo-Priesterin der **Heiligen Sieben Schwestern** eingehen. Diese stammen aus dem *New Orleans Voodoo* und sind in folgenden Sorten erhältlich:

Original-Name	**Deutsche Übersetzung**	***Wirkung***
7 African Powers	7 Voodoo-Götter	Kraft
7 Holy Spirits	7 Gute Geister	Energie
Adam & Eve	Adam & Eva	Liebe
African Ju Ju	Zauber	Schutz
Attraction	Anziehung	Liebe
Bend Over	Beuge Dich	Macht
Better Business	Gute Geschäfte	Geld
Bingo	Glücksspiel	Gewinn
Black Cat	Schwarze Katze	Glück
Break Up	Trennung	Auflösung
Cast off Evil	Vertreibung	Schutz
Come to me	Komm zu Mir	Liebe
Commanding	Kommando	Macht
Compelling	Beherrschen	Macht
Confusion	Verwirren	Ärger
Controlling	Kontrolle	Macht
Court Case/Just Judge	Gerichtshilfe	Gewinn
Do As I Say	Willenszwang	Zwang
Dragon´s Blood	Drachenblut	Schutz
Drawing	Anziehen	Glück

Drive Away Evil	Austreibung	Schutz
Fast Luck	Schnelles Glück	Glück
Fast Money	Schnelles Geld	Geld
Fast Success	Schneller Erfolg	Erfolg
Fire of Love	Liebesfeuer	Liebe
Follow Me	Bestimmtheit	Macht
Frankincense	Weihrauch	Reinigung
Good Luck	Viel Glück	Glück
Healing	Heilung	Heilung
Helping Hand	Helfende Hand	Glück
High John the Conqueror	Johannes der Eroberer	Sieg
Jinx Killer	Hexentöter	Schutz
Jinx Removing	Rücksender	Schutz
Keep Away Trouble	Ärger vertreiben	Frieden
Lady Luck	Frauenglück	Glück
Law Stay Away	Behördenstreit	Ruhe
Lodestone	Ladestein	Kraft
Love Drawing Power	Liebeskraft	Liebe
Lovers/Attraction	Die Liebenden	Liebe
Luck in a Hurry	Glück in Eile	Glück
Money Drawing	Geld anziehen	Geld
Peace	Frieden	Frieden
Peaceful Home	Friedvolles Zuhause	Ruhe
Power	Kraft	Energie
Prosperity	Wohlstand	Geld
Protection	Schutz	Schutz
Protection from Harm	Schutz vor Bösem	Schutz
Quick Money	Schnelles Geld	Geld
Reversible	Umkehrung	Rücksenden
Run Devil Run	Renn Teufel	Schutz
Sandalwood	Sandelholz	Segen
Satan be Gone	Satan verschwinde	Schutz
Spell Breaker	Zauberbrecher	Schutz
Spiritual Power	Spirituelle Kraft	Energie

St Jude	Heiliger Judas	Geld
Stay Home	Bleib Zuhause	Macht
Steady Work	Beständige Arbeit	Arbeit
Stop Evil	Böses Stoppen	Schutz
Strong Love	Starke Liebe	Liebe
Success	Erfolg	Erfolg
Uncrossing	Durchkreuzung	Auflösung
Van Van	Van Van	Glück, Geld
Victory over Evil	Sieg über das Böse	Schutz
Wealthy Way	Wohlstand	Geld
Winning Number	Gewinnnummer	Gewinn
Work	Arbeit	Beruf

Die Voodoo-Lampe

Um sich auch zu Hause vor fremden Einflüssen zu schützen oder um einige Voodoo-Zauber der positiven Art (Glück, Reichtum etc.) hervorzurufen kann man eine Voodoo-Lampe anfertigen.

Traditionell wird zur Herstellung einer Voodoo-Lampe eine Schale (in der Regel die ausgehöhlte Hälfte einer Kokosnuss) verwendet. Sie besteht aus einem beliebigen Behälter, z. B. einer Schale, die man mit Öl füllt. Dann nimmt man zwei Knochensplitter, die über Kreuz auf das Öl gelegt werden, dann wird zwischen die Splitter der Docht geklemmt, damit der nicht untergeht. Unnötig zu erwähnen, dass das eine "wackelige" und – für europäische Verhältnisse – höchst feuergefährliche Angelegenheit ist.

Die Lampe muss dann noch geweiht werden, damit sie wirken kann. Es ist auch wichtig die Orishas anzurufen, deren Beihilfe nötig ist. Wenn der Docht entflammt wird spricht man seinen Wunsch aus und dann muss die Lampe ununterbrochen brennen, bis die Geister ihr Werk vollbracht haben.

Soviel zur Original-Version der Voodoo-Lampe. Heutzutage können wir unsere Voodoo-Lampe auch durch eine schwarze Glaskerze ersetzen (erhältlich in zahlreichen Magieshops), dies wird dann mit einem magischen Öl Deiner Wahl versehen (z. B. **Voodoo**, **Come to Me**, **Money Drawing**, **Healing**, **Success**) und komplett abgebrannt.

Voodoo-Fetische

Gegenstände, die mit bestimmten Orishas in Verbindung gebracht werden:

Orisha	Fetische
Obatala	Elefanten, weiße Vögel, weiße Federn, Staturen, älterer weiß gekleideter Mann, Bilder von Bergen, weiße Tücher, die Tarotkarte; der Eremit.
Elegua	Steine, Kokosnüsse, geflochtene Haare.
Oshun	Pfauenfeder, Gegenstände aus Messing oder Gold, Fruchtbarkeitsgegenstände, Spiegel, Fächer, edler Schmuck.
Yemaya	Meereslebewesen, Meerjungfrauen, Meeresmuscheln, Bilder von Ozeanen.
Ogun	Alle eisernen Gegenstände, Dreibeiniger Hexenkessel, Staturen von Jagd, Jägern oder Kriegern, Schmiede, Fahrzeuge aus Eisen oder Metall.
Oya	Büffelhörner, groteske Masken, vielfarbige Tücher, Bilder von Stürmen.
Chango	Doppelaxt, schwarze Katzen, Widderköpfe, Trommeln, Steine, vom Blitz getroffene Bäume, Pferde.

Auch verschiedene **Orisha-Armbänder und -Ketten** können als Gebetsverstärkung getragen werden. (siehe: Bezugsquellen Internetshops)

Voodoo-Orakel

Ein wichtiger Bestandteil der Voodoo-Religion ist die Befragung des Orakels, um Hinweise, Antworten und Problemlösungen zu finden. Sehr hilfreich auch um die Auswahl der Opfergaben den einzelnen Göttern zuzuordnen und nachzufragen, ob diese damit einverstanden sind. Ursprünglich wurden Kolanüsse (Obi Nüsse) benutzt, da aber nicht immer alle die Möglichkeit hatten Kolanüsse zu bekommen, ist man dazu übergegangen auch Kokosnüsse zu verwenden.

Man schneidet zwei Kokosnüsse jeweils in zwei Hälften, säubert diese und weiht sie. So entsteht ein einfaches Orakel zum Erhalt eines **JA** oder **NEIN**.

Fünf Antwortvarianten sind möglich:

Orisha Orakel	Bedeutung
Alafia	Alle 4 Nüsse sind mit der hellen Seite nach oben gerichtet und das bedeutet Segen, Glück, JA.
Eyeife	von 4 Nüssen, zeigen 2 nach oben und 2 nach unten, das bedeutet ein absolutes JA.
Okana	von 4 Nüssen, zeigen 3 nach unten und 1 nach oben, das bedeutet ein absolutes NEIN.
Oyekun Okana	alle 4 Nüsse zeigen nach unten. Hier spricht u. a. ein Geist und die fortlaufende Befragung muss entsprechend fortgeführt werden, um zu sehen, was er möchte.
Itagua	3 von 4 Nüssen zeigen nach oben. Das bedeutet ein „vielleicht“ und sollte durch einen Ergänzungswurf bestätigt werden.

III. Voodoo-Rituale & Rezepte

Der Voodoo-Altar

Altäre für Orishas

Je nach Orisha benötigt es einen besondere Altardekoration:
Orisha Name: Chango – St. Barbara
Festtag: 4. Dezember
Wochentag:
Altardecke Farbe: Rot - Weiß
Anzahl der Stabkerzen oder Teelichter: 4 oder 6
Orisha Glaskerze: Chango
Räucherwerk: Lotus, Piment, Paradieskörner, Weihrauch
Ritualölmischung: Patchouli, Sandelholz, Klette

Orisha Name: Elegua – St. Anthony
Festtag: 1. Januar
Wochentag: Samstag
Altardecke Farbe: Rot - Schwarz
Anzahl der Stabkerzen oder Teelichter: 3, 6 , 9 oder 21
Orisha Glaskerze: Elegua
Räucherwerk: Basilikum, Lavendel, Mandrake/Alraune
Ritualölmischung : Pfefferminze, Muskat, Gartenraute

Orisha Name: Obatala – Ouer Lady of Mercy
Festtag: 24. September
Wochentag: Samstag
Altardecke Farbe: Weiß
Anzahl der Stabkerzen oder Teelichter: 8, 16 oder 24
Orisha Glaskerze: Obatala
Räucherwerk: Kopal, Rosenblüten. Mistelzweige, Patchouli
Ritualölmischung : Zedernholz, Geranie, Gartenraute und Lilie

Orisha Name: Ochosi – St. Noberto
Festtag: 6. Juni
Wochentag: Samstag
Altardecke Farbe: Blau- Gelb
Anzahl der Stabkerzen oder Teelichter : 7 oder 3
Orisha Glaskerze: Ochosi
Räucherwerk: Drachenblut (Harz oder Pulver) , Tabak und Ysop
Ritualölmischung : Ysop, Anis, Muskat oder Kiefernadel

Orisha Name: Ogun – St. Peter
Festtag: 29. Juni
Wochentag: Samstag
Altardecke Farbe: Schwarz-Grün
Anzahl der Stabkerzen oder Teelichter: 3 oder 7
Orisha Glaskerze: Ogun
Räucherwerk: Kopal, Lotus, Drachenblut (Harz oder Pulver)
Ritualölmischung : Vetivert, Rosmarin, Kampfer

Orisha Name: Orunla – St. Francis
Festtag: 4.Oktober
Wochentag: Samstag
Altardecke Farbe: Gelb-Grün
Anzahl der Stabkerzen oder Teelichter: 16
Orisha Glaskerze: Orunla
Räucherwerk: Zimt, Lemongras, Veilchenwurzel, Drachenblut (Harz oder Pulver)
Ritualölmischung : Weihrauch, Heliotrop, Kokosnuss, Mistel

Orisha Name: Oshun – Mother of Charity
Festtag: 8. September
Wochentag: Samstag
Altardecke Farbe: Gelb
Anzahl der Stabkerzen oder Teelichter: 5
Orisha Glaskerze: Oshun
Räucherwerk: Anis, Zimt, Eisenkraut, Pfefferminz
Ritualölmischung: Weihrauch, Heliotrop, Kokosnuss, Mistel

Orisha Name: Oya – Our Lady of Candelmas
Festtag: 9. Februar
Wochentag: Samstag
Altardecke Farbe: Alle Farben außer Schwarz (Alternative: Weiß)
Anzahl der Stabkerzen oder Teelichter: 9
Orisha Glaskerze: Oya
Räucherwerk: Eisenkraut, Tamarinde
Ritualölmischung: Jasmin, Lavendel, Rosmarin

Orisha Name: Yemaya – Our Lady of Regla
Festtag: 7. September
Wochentag: Samstag
Altardecke Farbe: Blau-Weiß
Anzahl der Stabkerzen oder Teelichter: 7
Orisha Glaskerze: Yemaya
Räucherwerk: Paradieskörner, Myrrhe, Flieder
Ritualölmischung : Zypresse, Flieder, Veilchen, Narzisse

Orisha Name: 7 African Powers
Festtag: jeder
Wochentag: jeder
Altardecke Farbe: Regenbogen
Anzahl der Stabkerzen oder Teelichter: 7
Orisha Glaskerze: 7 African Powers
Räucherwerk: Weihrauch am besten 7-farbig, Sandelholz, Paolo Santo
Ritualölmischung : Weihrauch, Sandelholz, Jasmin, Lotus

Ahnenverehrung

Das eigentliche Ritual der Ahnenverehrung ist einfach und leicht nachzuvollziehen. Du brauchst lediglich ein sauberes Glas, naturbelassenes Wasser (Quellwasser aus der Flasche, Stilles Mineralwasser) eine weiße Kerze und wenn Du möchtest ein Kerzenöl (Olivenöl, Palmöl) oder die Voodoo-Mischungen „Holy“ „Three Kings“ „Altar“ oder „Blessing“ wären passend. Und etwas Disziplin, nämlich genau 13 Minuten und das sieben Tage lang zur gleichen Uhrzeit.

Ablauf: Du salbst die Kerzen mit einem der Öle ein, stellst diese in einen Behälter und zündest sie an. Danach gibst Du das Wasser in ein Glas und stellst alles auf ein sauberes Tablett, abgedeckt mit einem weißen Tuch oder auf Deinen Altar. Nun kannst Du Gebete aussprechen, in Dein Herz gehen und Liebe fließen lassen, um Deine Ahnen zu ehren, sprich dabei den Namen Deiner einzelnen Ahnen jeweils drei Mal aus. Nachdem Du nun Deinen Ahnen Liebe und Respekt, Wasser zur Kühlung und die Kerze, um Licht und Energie zu spenden, geopfert hast, kannst Du nun Deine Probleme, Bitten und Wünsche vortragen. Es geht jedoch nicht darum, dass Du Dir einen heißen Liebhaber bestellst oder, dass Dein Nachbar Dir verfallen soll, sondern eher um Dinge wie Jobverlust, Krankheit, das Ende einer Beziehung, erzähle Deinen Ahnen wie hilflos Du Dich fühlst und lass sie an Deinem Leid teilhaben. Das hat etwas mit Respekt und Achtung vor Dir selbst zu tun. Nur in wirklichen Notfällen darfst Du Deine Ahnen bitten einzugreifen! Vergiss nicht, es geht um das höhere Ganze, nicht um Dein Ego! Wenn also keine ernsthafteren Probleme vorliegen bitte Deine Ahnen einfach um Schutz und ihre Führung, um Gesundheit und Wohlstand für Dich und Deine Lieben.

Hier ein Bespiel eines Gebetes, das mir sehr gut gefallen hat:

„Ich sende Ajuba (Segenswünsche) für alle meine dahingeschiedenen Ahnen. Besondere Segenswünsche und Dank meinem Vater...“

aus „Die Kraft der Orishas“ von Philip J. Neimark

Wenn Du dauerhaft Ahnenverehrung praktizieren möchtest, so ist es einfacher einen kleinen Schrein einzurichten irgendwo in Deiner Wohnung, wo es für Dich passt. Darauf können Fotos stehen (Achtung! nur Fotos von verstorbenen Ahnen, vielleicht auch mit Dir dabei, aber sonst keine!) Blumen, Früchte oder Gegenstände, die deine Ahnen besonders mochten oder Dir hinterlassen haben.

Wenn Du Speisen opfern möchtest, die Deine Ahnen besonders mochten, so achte bitte darauf, dass Du alle Speisen ohne Salz zubereitest (da Salz Geister abweist) und nimm einen besonderen Teller, der einen Riss hat oder wo du selbst eine Ecke herausbrichst, um ihn für die Lebenden unbrauchbar zu machen.

Sei Dir bitte bewusst, dass Deine Ahnen Dir zu Hilfe kommen und die Antwort nicht immer sofort eintritt. Manchmal geht es über Nacht durch einen Traum, durch einen Gedankenblitz im Alltag oder wenn Du zu den wenigen gehörst, die gute übersinnliche Fähigkeiten besitzen, dann hörst Du einfach was sie Dir sagen. Deshalb ist es wichtig immer einen Stift und Papier griffbereit zu haben.

Hier ein paar Antworten auf Fragen, die Du vielleicht im Laufe Deiner Praxis hast:

Lasse ich die Kerze weiter brennen?
Kannst Du, ja, ist aber nicht notwendig. Du kannst die Kerze nach 13 Minuten mit dem Finger oder einem Kerzenlöscher ausmachen und am nächsten Tag erneut anzünden.

Erneuere ich das Wasser?
Nein! Das frische Wasser sollte auf den Altar gestellt werden und im Laufe der sieben Tage verdunsten. Das symbolisiert, dass Deine Ahnen davon trinken.

Wie viel Wasser muss ich opfern?
In der Regel ist es ein „normales“ Glas mit 0,3 Liter Inhalt.

Muss ich in der Nacht beten?
Nein, nur wenn Du nachts beginnst mit der Ahnenverehrung, dann muss diese sieben Tage beibehalten werden. Wenn Du das nicht schaffst fängst Du nochmals von vorne an und suchst Dir eine Uhrzeit aus, die Du einhalten kannst.

Muss ich unbedingt Bilder aufstellen? Es gibt Verwandte, da gibt es keine, was mache ich dann?
Nein. Du brauchst keine Bilder. Alles was Du brauchst ist das Wasser, die Kerze und Deine Gebete.

Wie mache ich es, wenn ich auf Reisen bin?
Ahnenverehrung ist an keinen Ort gebunden und funktioniert immer und überall. Wichtig ist nur, dass Du immer zu selben Uhrzeit sieben Tage lang betest.

Kann ich auch ständig eine Kerze anzünden?
Ja! Viele Menschen gehen täglich auf den Friedhof, Du kannst täglich für Deine Ahnen eine Kerze anzünden, Blumen kaufen oder was Du sonst immer magst. Die förmliche Ahnenverehrung sollte dann einmal im Monat sieben Tage wie üblich vollzogen werden.

Ich hatte eine gute Freundin, sie war wie eine Mutter für mich, ist es möglich sie zur Ahnenverehrung mit einzubeziehen?
Nein, nur Blutsverwandte dürfen auf diese Weise geehrt werden. Du kannst Deiner Freundin liebevolle Gedanken senden, mehr nicht.

Ahnenverehrung macht zu einem Drittel die Kraft des Voodoo aus, ist relativ kostengünstig und von Jedem leicht durchzuführen. Diese Technik ist wunderbar für Anfänger geeignet, um sich in die spirituelle Welt einzuklinken und so erste Erfahrungen mit der geistigen Welt und ihren Botschaften zu machen. Außerdem ist die Ahnenverehrung ein Beweis dafür, dass es auch nach dem Tode weitergeht und ein sehr kräftiges Mittel, um sich und seine Familie zu schützen.

Was aber, wenn wir mit keinem unserer Ahnen wirklich guten Kontakt hatten? In diesem Falle gehen wir zur Hüterin der weiblichen Kraft unserer Familie und lassen uns von dieser lenken. Männer gehen zum Hüter der männlichen Kraft der Familie und lassen sich dort beraten. Eine sehr schöne Meditations-CD, die es zu kaufen gibt, nennt sich „**Frieden mit den Ahnen**" und ist genau für diese Fälle produziert worden. (Bezugsquellen im Anhang)

Wasser- oder Trankopfer zur Ehrung

Trankopfer werden vor allen rituellen Handlungen und Bitten dargebracht, egal um welche Zwecke es sich handelt. Es ist ein absolut notwendiger Schritt, vor jedem Ritual den Orishas oder den Ahnen diese Ehre zu erweisen. Normalerweise wird ein Trankopfer von einem Voodoo-Priester vorgenommen, es kann aber auch jeder spirituell motivierte Gläubige ein Trankopfer darbringen wenn er motiviert ist. Meist ist es Wasser, das für das Trankopfer verwendet wird, es ist aber auch möglich Gin oder Rum zu opfern, je nach Vorliebe des jeweiligen Orishas. Man gießt einfach eine geringe Menge (meist ein Schnapsglas voll) auf den Boden oder die Erde und rezitiert das Eröffnungsgebet.

Da es von Land zu Land verschiedene Versionen dieses Gebetes gibt, habe ich mich für eine Art „Standardgebet", das überall verwendet werden kann entschieden.

Ein zentrales Eröffnungsgebet:
„Ich erweise Euch die Ehre, ich bringe Euch frisches Wasser. Um den Pfad des Lebens zu erfrischen, Euer Haus zu erfrischen. Elegba zu erfrischen. Um den Tod zu verhindern, um Krankheit zu verhindern, um Tragödien zu verhindern, um Verluste zu verhindern, um Hemmnisse zu verhindern, unvorhergesehenes Übel zu verhindern. Gib uns Unsterblichkeit unser Vater, ich erweise Ehre allen Orishas, Ehre sei den Vätern, den Müttern, Ehre sei der Sonne, dem Mond, Ehre sei der Welt. Geehrt sei dies Haus. Ich erweise Ehre all meinen Ahnen, gepriesen sei das Himmelsvolk.“

Voodoo-Gebete und Voodoo-Anrufungen

Das Gebet ist das Mittel, mit dem die Überzeugung von der Existenz Gottes verankert wird. Gott und alle Götter werden durch das Gebet zu einer lebendigen Kraft im Leben des Menschen.

Die echte Überzeugung, dass Gott existiert, entsteht im Menschen nicht dadurch, dass er an die Existenz eines Gottes in der Außenwelt glaubt (Kirche und andere Einrichtungen), sondern durch die Erfahrung des Göttlichen in sich selbst, und diese Erfahrungen wird durch Beten erreicht.

Das echte tiefe Gebet erzeugt eine moralische Kraft, die nicht nur das Leben des Betenden verändert, sondern auch das Leben anderer. Sich im Gebet an einen Orisha oder Ahnen zu wenden wird als unbedingt nötiger Teil der Voodoo-Religion angesehen. Man darf verstehen, dass Gebete an die Gottheiten der Reinigung und Erhebung niederer menschlicher Eigenschaften dienen. Es ist die höchste Form des Gebetes, wenn der Gläubige um nichts anderes bittet als um Transzendenz und Schutz vor negativen Kräften. Durch ernsthaftes Beten werden Gläubige besser befähigt, ihre niedereren Neigungen (Hass, Gewalt, Beherrschung, Manipulation anderer usw.) hinter sich zu lassen und spirituell zu wachsen. Gebete an die Götter bei denen es um Schwangerschaft, Beziehungen, Arbeitsplatz oder Geld geht, sind irdische Probleme. Gebete sind starke Mittel gegen die unterdrückten Erdkräfte, die die Stabilität und das Wachstum des Menschen begrenzen. Indem sich die Menschen an die himmlischen Kräfte wenden verleihen diese ihnen Kraft ihr menschliches Leben zu verändern. Ein wichtiger Punkt sollte dabei beachtet werden: **Gebete dienen höheren Zwecken und der spirituellen Weiterentwicklung. Voodoo-Zauber dagegen können dies nicht, dort geht es nur um die Befriedigung menschlicher Bedürfnisse, die der göttlichen Welt untergeordnet sind.** Deshalb sei nicht verwundert, wenn Du nicht all Deine Probleme mit Voodoo-Zaubern lösen kannst. Du brauchst dazu nämlich noch eine höhere Macht, die Deines höheren Selbst und Deiner Seele und dies sind vollkommen verschiedene Ebenen. Archetypisch betrachtet bedienen sich Voodoo-Zauber der Kraft der Erde und des Geistes, Gebete nutzen die Kräfte der Seele und des Göttlichen.

Hier nun einige Gebete an die verschiedenen Orishas:

Oshun

„Oshun, die Verständnisvolle. Allmächtige Mutter, Oshun, Gnädigste und Wohlwollendste aller Orishas.

Eine, die große starke Brüste hat, eine die Kinder beschwichtigt mit Ornamenten aus Messing. Onikii, die die Geheimnisse der Kulte kennt, sie aber nicht verrät. Eine, die einen kühlen frischen Thron hat. Eine die Geld im Sand vergräbt. Eine die heilendes Wasser gibt ohne etwas dafür zu verlangen. Eine die Kranke behandelt gut und wirkungsvoll. Ich huldige Dich Oshun, Ashé."

Obatala

„Obatala, der Große, er, dem die Welt gehört und dem Kontrolle über die Welt gebührt. Obatala, Du Orisha, in dessen Händen die Macht liegt. Der so wertvoll ist wie reiner Honig. Der Orisha mit der unerschöpflichen Stärke, der Erbe des Rufes, dessen Ruhm seiner Macht keinen Abbruch tut. Komm und rette mich, hilf mir, ich weiß nicht wie ich mir selbst helfen soll."

Yemaya

„Yemaya, Mutter der Fische. Mutter des Wassers und der Erde. Ernähre mich, meine Mutter, beschütze und leite mich. Wie die Wellen des Ozeans spüle die Prüfungen hinweg, die ich durchmache. Gib mir Kinder, gib mir Frieden. Lass es nicht zu, dass böse Hexen mich verschlingen. Lass es nicht zu, dass böse Menschen mich vernichten. Yemaya, Mutter allen Lebens, bitte ernähre mich meine Mutter!"

Chango

„Chango ist gekommen! Alle Menschen sollen kommen und ihm zusehen. Chango, ich will keinen Streit mit Dir. Ich gehöre nicht zu denen, die gegen Dich sind! Es gibt zwei Lösungen für ein Problem. Chango bitte löse dieses Rätsel. Du mächtiger König, Du Herr dem die königlichen Trommeln gehören, beschütze uns vor Unglück! Beschütze uns vor Krankheit! Lass uns die ruhigen und sanften Dinge des Lebens erfahren."

Das sind nur einige Beispiele, weitere Gebete kannst Du Dir selbst kreieren. Das solltest Du sogar! Da die Macht des gesprochenen Wortes und des persönlichen Satzes von Dir gebildet mehr Kraft besitzt und auch als ein zusätzliches Attribut der Verehrung und des Respekts an die einzelnen Orishas aufweist.

Voodoo-Rituale und Rezepte für (fast) jeden Zweck

Hier findest Du eine Zusammenstellung von kleinen aber sehr wirksamen Voodoo-Ritualen und Rezepten.

Einige dieser Rituale sind schon sehr alt, andere jüngeren Datums. Aber eins haben alle gemeinsam, ihre enorme Wirksamkeit. Ich selbst und viele andere Hexen haben diese Rituale schon sehr oft erfolgreich ausprobiert und wir geben sie nun an die nächste Generation weiter.

Geld anziehen (7 Tage) – zuständiger Orisha: Orunla

Altarkerze Weiß Altaröl	**Opfergabe** Mais	**Altarkerze** Weiß Altaröl
	Voodoo-Räucherung Money Drawing	
Objektkerze Orunla Glaskerze		**Personenkerze** Grüne Figurenkerze
Voodoo-Öl Big Money		**Voodoo-Öl** Money Drawing

Wunschpartner anziehen (7 Tage) – zuständiger Orisha: Oshun

Altarkerze Weiß Altaröl	**Opfergabe** Honig	**Altarkerze** Weiß Altaröl
	Voodoo-Räucherung Come to Me	
Objektkerze Come to Me Glaskerze Oder: Oshun Glaskerze		**Personenkerze** Rote Figurenkerze
Voodoo-Öl Lovers		**Voodoo-Öl** Come to Me

Heilungszauber (7 Tage) – zuständiger Orisha: 7 African Powers

Altarkerze Weiß Healingöl	**Opfergabe** Schnaps, Rosmarin	**Altarkerze** Weiß Healingöl
	Voodoo-Räucherung 7 African Powers	
Objektkerze 7 Africans Glaskerze		**Personenkerze** Weiße Figurenkerze
Voodoo-Öl 7 Africans		**Voodoo-Öl** Healing

Arbeit finden oder behalten (7 Tage) – zuständiger Orisha: Ogun

Altarkerze Weiß Altaröl	**Opfergabe:** Altaröl	**Altarkerze** Weiß Rum
	Voodoo-Räucherung Steady Work	
Objektkerze Gelbe 7 Tage Glaskerze oder Ogun Glaskerze		**Personenkerze** Gelbe Figurenkerze
Voodoo-Öl Steady Work		**Voodoo-Öl** Job

Schutz für Frauen (7 Tage) – zuständiger Orisha: Yemaya

Altarkerze Weiß Altaröl	**Opfergabe:** Melonenstücke	**Altarkerze** Weiß Altaröl
	Voodoo-Räucherung Protection	
Objektkerze Yemaya Glaskerze		**Personenkerze** Weiße Figurenkerze
Voodoo-Öl Yemaya		**Voodoo-Öl** Protection

Hellsicht fördern (7 Tage) – zuständiger Orisha: Orunla

Altarkerze Weiß Altaröl	**Opfergabe:** Tabak	**Altarkerze** Weiß Altaröl
	Voodoo-Räucherung Spiritual Power	
Objektkerze Tage Orunla Glaskerze		**Personenkerze** Gelbe Figurenkerze
Voodoo-Öl Psychic		**Voodoo-Öl** Spiritual Power

Schutz vor magischen Angriffen (7 Tage) – zuständiger Orisha: Chango

Altarkerze Weiß Altaröl	**Opfergabe:** Rote Äpfel	**Altarkerze** Weiß Altaröl
	Voodoo-Räucherung Dragons Blood (Zusatz: Drachenblutseife zum Hände waschen)	
Objektkerze 7 Tage Chango Glaskerze		**Personenkerze** Rote Figurenkerze
Voodoo-Öl Chango Macho		**Voodoo-Öl** Dragons Blood

Segen für Familie und Freunde (7 Tage) – zuständiger Orisha: Oshun

Altarkerze Weiß Altaröl	**Opfergabe:** Orangenschalen	**Altarkerze** Weiß Altaröl
	Voodoo-Räucherung Peaceful Home (auch Räucherstäbchen)	
Objektkerze 7 Tage Oshun Glaskerze		**Personenkerze** gelbe Betende Hände
Voodoo-Öl Oshun		**Voodoo-Öl** Peace

Geld in Schnelle (7 Tage) – zuständiger Orisha: Ochosi

Altarkerze Weiß Altaröl	**Opfergabe:** Palmwein	**Altarkerze** Weiß Altaröl
	Voodoo-Räucherung Quick Money	
Objektkerze 7 Tage Ochosi Glaskerze		**Personenkerze** Grüne Figurenkerze
Voodoo-Öl Ochosi		**Voodoo-Öl** Fast Money

Hausreinigung (7 Tage) – zuständiger Orisha: Obatalla

Altarkerze Weiß Altaröl	**Opfergabe:** Weiße Früchte	**Altarkerze** Weiß Altaröl
	Voodoo-Räucherung Dragons Blood (Zusatz: Bath-Floorwashes St Michael)	
Objektkerze 7 Tage Obatalla Glaskerze, oder		**Personenkerze** Weiße Figurenkerze
Voodoo-Öl Obatalla		**Voodoo-Öl** St Michael

Wieder Kraft und Energie bekommen (7 Tage) – zuständiger Orisha: 7 African Powers

Altarkerze Weiß Altaröl	**Opfergabe:** Rum, Kokosnuss	**Altarkerze** Weiß Altaröl
	Voodoo-Räucherung 7 African Powers	
Objektkerze 7 Tage 7 African Glaskerze		**Personenkerze** Lila Figurenkerze
Voodoo-Öl 7 African Powers		**Voodoo-Öl** Power

Anna Riva Öle – Zuordnung der Orishas

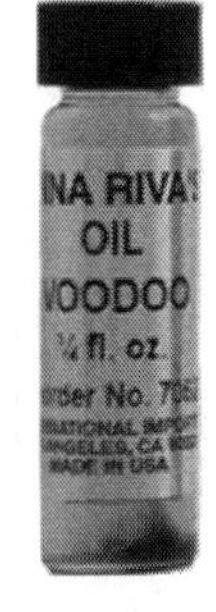

Bei den Anna Riva Ölen handelt es sich um okkulte und magische Mischungen, da ist es nicht verwunderlich, dass diese hervorragend für die einzelnen Orishas eingesetzt werden können.

Hier eine Zusammenfassung der einzelnen Anna Riva Öle und der dazu passenden Orishas:

Anna Riva Öl	Zugeordneter Orisha
Acacia	Orunla
Almond	Oshun, Ochosi
All Spice	7 African Powers
Anise	Chango, Oshun
Grapeapple	Ochosi
Banana	Chango
Bayberry	Obatala
Basil	Chango
Bergamot	Oshun
Blue Sonata	Elleggua, Oshun
Camphor	Elleggua, Ochosi, Oshun
Cedar	Obatala
Chamomile	Oshun
Cinnamon	Oshun, Ochosi
Clove	Chango
Clover	Oshun
Coconut	Elleggua
Dragons Blood	Chango
Eukalyptus	Obatala
Frangipani	Oshun, Chango
Frankinsence	Orunla
Gardenia	Obatala
Geranium	Oshun
Healing	Eleggua, Obatalla
Hyacinth	Yemaya
Hyssop	Chango, Ochosi
Jasmine	Orunla

Lavendar	Oshun
Lemongras	Chango, Oshun
Lilac	Oshun, Yemaya
Lily	Obatala, Oshun
Lotus	Oshun
Musk	Obatala, Oshun
Myrrh	Obatala
Narcisuss	Obatalla, Yemaya
Nutmeg	Eleggua, Ochosi
Orange	Oshun
Orchid	Obatalla
Patchouly	Chango,Oshun
Peony	Ochosi
Peppermint	Ogun, Ochosi, Eleggua
Pine	Ochosi, Chango
Pineapple	Chango
Rose	Obatala, Yemaya, Oshun
Rosemary	Eleggua, Obatalla
Rue	Eleggua, Obatalla
Sage	Eleggua, Obatalla
Sandalwood	Chango
Sassafras	Oshun
Snake	Damballah, Chango
Spearmint	Chango, Ellegua
Strawberry	Chango, Oshun
Sweet Pea	Oshun
Vanilla	Eleggua
Vetivert	Ogun, Ochosi, Eleggua
Violet	Yemaya, Oshun, Obatala
Wintergreen	Obatala
Wisteria	Orunla, Obatala
Ylang Ylang	Eleggua, Oshun

Weitere Anna Riva Öle für die Ausübung ritueller Handlungen im Voodoo: Anna Riva hat nicht nur magische Öle entwickelt sondern auch spezielle Voodoo-Mischungen hergestellt, die je nach Verwendungszweck für verschieden Handlungen im Voodoo eingesetzt werden können:

Zur Ahnenverehrung: Blessing, Candle, Holy, Three Kings.

Für den Voodoo-Altar: Altar, High Altar, Peace.

Für Voodoo-Puppen: Voodoo, Mandrake.

Für Voodoo-Kerzen: Voodoo, Come to Me.

Für Voodoo-Rituale allgemein: African Ju Ju, Black Cat, Bat´s Blood, Doves Blood, Dragons Blood, Damballah, Hot Food, New Orleans, High John the Conqueror, St. Barbara, Wolf´s Eye, Chango Macho, Voodoo.

Für Voodoo-Liebeszauber: Cleopatra, Cleo May, Midnight, Haitian Love Drops, Luv Luv Luv, **Geheim-Tipp:** ***Marie Laveau´s "Love Oil".***

Für Voodoo-Geldzauber: Chango Macho, Haitan Gambler´s, Showers of Gold, Gold & Silver, Money Drawing.

Voodoo-Öl-Mischungen selbst herstellen

Wer natürlich sich die Zeit nehmen möchte und gerne selbst kreativ sein möchte, dem sei hier eine kleine Auswahl an Original Voodoo-Öl-Mischungen gegeben.

Ich habe mich entschlossen nach langer Überlegung einen kleinen Teil der Original-Rezepturen preiszugeben damit die nächste Hexengeneration das alte Wissen fortsetzen kann.

Die Rezepte stammen aus verschiedenen Voodoo-Traditionen und wurden teilweise schriftlich in einigen Insider-Büchern wiedergegeben.

Bitte genau die Rezepturmenge beachten, damit das Öl auch originalgetreu duftet und seine magische Wirkung entfalten kann.

Als Basisöl empfehle ich immer ein reines und hochwertiges Öl z. B. Jojobaöl, da es sich um eine Form von flüssigem Wachs handelt und nie ranzig werden kann. Es kann aber auch ein hochwertiges Ölivenöl benutzt werden. Wer es ganz traditionell will benutzt Palmöl als Grundbasis. Die

Zutaten sollten allesamt reine ätherische Öle oder Alkoholauszüge von feinster Qualität sein. Synthetische Öle sind nur falls angegeben zu verwenden, da es nicht alle Öle in naturreiner Form zu kaufen gibt, wie z. B. Ambra- oder Moschusöl. Bei der Verwendung von Weingeist sollte darauf geachtet werden, dass dieser mindestens 90% ist und von sehr guter Qualität, am besten aus der Apotheke.

Wichtiger Hinweis zur Anfertigungen der Voodoo-Öl-Mischungen:

Du solltest darauf achten, dass Du die Öle nicht mit einem Metalllöffel vermischst, sondern verwende einen Plastik- oder Holzlöffel. Alle Öle solltest Du an einem dunklen Ort aufbewahren, da das Sonnenlicht die Haltbarkeit der Öle beeinträchtigen kann. Die Öle sind ca. 1 Jahr haltbar, danach solltest Du sie nicht mehr benutzen sondern Dir frische Öle anfertigen. Ich habe Dir immer nur ein kleine Einheit 30ml angegeben, da die Öle möglichst frisch sein sollten um deren magische Wirkung freizusetzen. Du solltest auch bei den Zutaten darauf achten, dass Du frische Kräuter oder Öle kaufst. Kannst Du am Verfallsdatum oder Abpackungsdatum erkennen.

Eine Grundregel gibt es bei allen Ölen zu beachten:
Öle für positive Zwecke werden bei zunehmendem Mond oder Vollmond gefertigt, Öle für negative Zwecke oder Ölmischungen zum Auflösen von Negativem bei abnehmendem Mond.

Voodoo-Öl-Rezepte	Zutaten
Aphrodisiac Öl Zugabe: Jasminblüten	30 ml Basisöl 4 Tropfen Zimt 7 Tropfen Hibiskus 5 Tropfen Bernstein
Attraction Öl Zugabe: Rosa Rosenblüten	30 ml Basisöl 5 Tropfen Vanille 3 Tropfen Rose 1 Tropfen Pfefferminz 1 Tropfen Rosmarin
Better Business Öl Zugabe: Goldglitter	30 ml Basisöl 5 Tropfen Zimt 2 Tropfen Kokosnuss 3 Tropfen Veilchen 1 Tropfen Lavendel

Big Money Öl Zugabe: ein Stück Zimt	30 ml Basisöl 3 Tropfen Vanille 2 Tropfen Lilie 3 Tropfen Sassafras
Come to me Öl Zugabe: einige gelben Rosenblüten	30 ml Basisöl 3 Tropfen Zimt 2 Tropfen Ylang Ylang 2 Tropfen Vanille 3 Tropfen Bernstein
Crossing Öl Zugabe: Rote und schwarze Pfefferkörner	30 ml Basisöl 3 Tropfen Orange 2 Tropfen schwarzer Pfeffer 3 Tropfen roter Pfeffer 4 Tropfen Vanille
Queen Cleopatra Öl Verführerisch wie Cleopatra geeignet für alle Sex- und Liebeszauber. Bei diesem Rezept unbedingt Jojobaöl als Basis benutzen! Zugabe: einige rote Rosenblüten	30 ml Jojobaöl 5 Tropfen Zimt 2 Tropfen Veilchen 3 Tropfen Bernstein 1 Tropfen Pfefferminz 3 Tropfen Vanille
Do as I say Öl Zugabe: Weihrauchkörner	30 ml Basisöl 5 Tropfen Vanille 3 Tropfen Bernstein 1 Tropfen Rosmarin 1 Tropfen Weihrauch
Domination Öl Um eine Person zu beeinflussen und dem eigenen Willen zu unterwerfen Zugabe: Beifuß	30 ml Basisöl 7 Tropfen Vanille 3 Tropfen Veilchen 3 Tropfen All Spice 2 Tropfen Ylang Ylang
Fast Luck Öl Zugabe: 1 kleines Stück Tonkabohne	30 ml Basisöl 5 Tropfen Patchouli 2 Tropfen Fichtennadel 1 Tropfen Vetivert 5 Tropfen Zimt

Gold & Silver Öl Zugabe: Gold & Silber Glitter	30 ml Basisöl 5 Tropfen Zimt 1 Tropfen Nelke 3 Tropfen Pfefferminz 1 Tropfen Mandel
Guardian Angel Öl Zugabe: 1 weiße Feder	30 ml Basisöl 5 Tropfen Zimt 3 Tropfen Muskatnuss 7 Tropfen Kokosnuss 1 Tropfen Pfefferminz
Haitan Voodoo Öl Zugabe: 1 Kaffeebohne	30 ml Basisöl 5 Tropfen schwarzer Pfeffer 4 Tropfen Roter Chili 3 Tropfen Mistelzweig 4 Tropfen Allspice
Healing Öl Zugabe: ein Rosmarinzweig	30 ml Basisöl 5 Tropfen Zimt 1 Tropfen Nelke 3 Tropfen Pfefferminz 1 Tropfen Mandel
High Altar Öl Zugabe: ein Stück Sandelholz	30 ml Basisöl 5 Tropfen Salbei 1 Tropfen Kampfer 3 Tropfen Rose 1 Tropfen Sandelholz
High John the Conqueror Öl Zugabe: ein Stück High John Wurzel	30 ml Basisöl 3 Tropfen Lavendel 2 Tropfen Drachenblut 3 Tropfen Ylang Ylang 2 Tropfen Patchouli
Hold my Man Öl Zugabe: Patchouliblätter	30 ml Basisöl 5 Tropfen Ylang Ylang 1 Tropfen Sandelholz 1 Tropfen Patchouli
Hold my Woman Öl Zugabe: Rosenblätter	30 ml Basisöl 5 Tropfen Rose 3 Tropfen Veilchen 1 Tropfen Jasmine

Hot Foot Öl Zugabe: ein Stück roter Chili	30 ml Basisöl 7 Tropfen Schwarzer Pfeffer 1 Tropfen Kümmel 3 Tropfen Pfefferminz 1 Tropfen Roter Pfeffer
Hummingbird Öl Zugabe: ein Stück Rose	30 ml Basisöl 5 Tropfen Zimt 3 Tropfen Rose 1 Tropfen Lilie
Jinx Öl Zugabe: ein Stück Ingwer	30 ml Basisöl 3 Tropfen Ingwer 3 Tropfen schwarzer Pfeffer 4 Tropfen Koriander
Keep Mouth Shut Öl Zugabe: schwarze Pfefferkörner	30 ml Basisöl 5 Tropfen Kokosnuss 2 Tropfen Anise 3 Tropfen Sassafras 7 Tropfen schwarzer Pfeffer
Love Drops/ Liebestropfen Öl Geeignet zur Steigerung der Lust, Zugabe: Patchouliblätter	30 ml Basisöl 5 Tropfen Zimt 2 Tropfen Patchouli 1 Tropfen Pfefferminz 1 Tropfen Hibiskus
Fast Money Drawing Öl Zugabe: ein Stück Muskat	30 ml Basisöl 3 Tropfen Orange 2 Tropfen schwarzer Pfeffer 3 Tropfen roter Pfeffer 4 Tropfen Vanille
Prosperity Öl Zugabe: Goldglitter	30 ml Basisöl 3 Tropfen Orange 2 Tropfen schwarzer Pfeffer 3 Tropfen roter Pfeffer 4 Tropfen Vanille
Eleggua Öl Zugabe: ein Stück Kokosnuss	30 ml Basisöl 7 Tropfen Kokosnuss 3 Tropfen Muskatnuss 3 Tropfen Rosmarin

Chango Öl Zugabe: Rotes Sandelholz	30ml Basisöl 6 Tropfen Sandelholz 2 Tropfen Vetivert 3 Tropfen roter Pfeffer 4 Tropfen Patchouli
Ochosi Öl Zugabe: Pfefferminzblätter	30 ml Basisöl 3 Tropfen Zimt 2 Tropfen Mandel 3 Tropfen Pfefferminz
Orunla Öl Zugabe: Weihrauchkörner	30 ml Basisöl 3 Tropfen Akazien 2 Tropfen Jasmine 3 Tropfen Weihrauch
Obatala Öl Zugabe: ein Stück Salbei	30 ml Basisöl 3 Tropfen Eukalyptus 2 Tropfen Salbei 3 Tropfen Kokosnuss
Ogun Öl Zugabe: ein Stück Vetivert	30 ml Basisöl 3 Tropfen Kampfer 2 Tropfen schwarzer Pfeffer 3 Tropfen Vetivert
Oshun Öl Zugabe: ein Stück Zimt	30 ml Basisöl 3 Tropfen Orange 2 Tropfen Moschus 3 Tropfen Zimt
Yemaya Öl Zugabe: weiße Rosenblüten	30 ml Basisöl 3 Tropfen Veilchen 3 Tropfen Wassermelone 4 Tropfen Rose
Seven African Powers Öl Zugabe: 7 farbige Weihrauchkörner (Blau, Grün, Gelb, Rot, Schwarz, Gold, Silber)	30 ml Basisöl 7 Tropfen All Spice 7 Tropfen Kokosnuss 7 Tropfen Ingwer

Rezepte Voodoo/Orisha Räucherungen

Grundlage der Räucherungen ist immer feinster Kirchenweihrauch, farbiger Weihrauch oder Olibanum. Die Räuchermischung sollten wenn möglich in einer Holzschüssel mit Holzlöffel gefertigt werden und in braune Weithalsgläser abgefüllt werden gut trocken halten und im Dunkeln aufbewahren.

Eleggua
3 ....Teel. Muskatnuss
2 ....Teel. Zimt
½ ......Teel. Kokosnuss Öl
1 ....Teel. Sandelholzpulver
1-2 ...Tropfen Anna Riva Öl „Blue Sonata“
(Roter und schwarzer Weihrauch)

Chango
3 ....Teel. Nelke
1 ....Teel. Drachenblut
½ ......Teel. Damianakraut
1 ....Teel. Immergrün
1-2 ...Tropfen Anna Riva Öl „Chango Macho“
(Roter und weißer Weihrauch)

Yemaya
1 ....Teel. Lorbeerblätter
2 ....Teel. Myrrhe
2 ....Teel. Coppal
1 ....Teel. Süßgras
½ ......Teel. Lilienblüten
1-2 ...Tropfen Anna Riva Öl „Lilac“
(Blauer und Weißer Weihrauch)

Ochun
3 ....Teel. Zimt
2 ....Teel. Zedernholz
2 ....Teel. Rose
1 ....Teel. Nelken
1-2 ...Tropfen Anna Riva Öl “Musk”
(Gelber und Weißer Weihrauch)

Obatalla
3 ....Teel. Coppal
1 ....Teel. Weihrauch
1 ....Teel. Thymian
½ ......Teel. Hagelsalz
1-2 ...Tropfen Anna Riva Öl „Eukalyptus“
(Weißer Weihrauch)

Ochosi

3 .... Teel. Weihrauch
1 .... Teel. Drachenblut
1 .... Teel. Salbei
½ ...... Teel. Palo Santo
1-2 ... Tropfen Anna Riva Öl „Peppermint“
(Blauer und schwarzer Weihrauch)

7 African Powers

3 ...... Teel. Weihrauch
1 ...... Teel. Myrrhe
1 ...... Teel. Zimt
½ ..... Teel. Palo Santo
1 ...... Teel. Sandelholz
½ ..... Teel. Drachenblut
1-2 ... Tropfen Anna Riva Öl „Seven Powers“
(7-farbiger Weihrauch, gibt es fertig zu kaufen, siehe Bezugsquellen)

Die Voodoo-Puppe

Beispiel einer Voodoo-Puppe zum Ausschneiden:

Diese Voodoo-Technik ist eine der bekanntesten und zugleich gefürchtetsten Formen der Magie. Obwohl die Puppen „Quangas“ genannt eigentlich nicht ausschließlich für negative Zwecke benutzt werden. Ganz oft werden damit Heil- und Schutzrituale vollzogen. Aber für welchen Zweck auch immer, diese Ritualpuppen stellen eine Sonderform dar. Sie werden nämlich nicht als ständiger Begleiter, sondern nur für ein einziges Ritual eingesetzt. Außerdem werden Nadeln in bestimmte Körperteile der Puppe gestochen, um die Kraft gezielt dorthinein zu projizieren. Nach Erfüllung des Rituals werden die Voodoo-Puppen verbrannt oder vergraben.

Die wichtigsten Farben sind folgende:

Grün für Lösung von Geld- oder Familienproblemen.

Rot für starken Liebeszauber.

Gelb für Glück- und Gesundheitszauber.

Weiß für Heilungszauber.

Schwarz für Schutzzauber oder Verfluchen.

Blau für mentale Kraft oder Erfolg.

Pink für Liebesbann zweier Menschen.

Benutzung:

Nimm die Puppe und öle diese mit einigen Tropfen Voodoo-Öl ein. Dabei kannst Du Dir die Person vorstellen, die die Puppe symbolisieren soll.

Jetzt muss die Puppe noch belebt werden. Dafür nimmst du die Puppe in beide Hände und sprichst darüber folgende Formel:

„Du künstliches Geschöpf von Hexenhand erschaffen, Du bist weder bös noch gut, sondern ab jetzt aus Fleisch und Blut. Du bist (Name der Person) von jetzt an und wirst es immer sein, solange ich den Zauber für Dich wirke. So soll es sein!“

Hauche nun dreimal über die Stirn der Puppe und sehe sie als lebendig an. Somit ist die Puppe belebt und kann nun für Deinen Zauber eingesetzt werden. Um der Person gezielt Energie zu senden benutzt Du die Voodoo-Nadeln.

Tauche diese in etwas Voodoo-Öl und steche diese in die Körperstellen der zu betreffenden Person. Möchtest Du zum Beispiel einen Heilungszauber wirken, sprich dabei folgendes:

“Durch diese Nadel heile ich Dein Leid, Du bist nun von Deinen Schmerzen befreit!“

Spreche diesen Spruch bei jeder Nadel. Sehe die Person als vollkommen gesund und von einem weißen Lichtkreis umgeben. Wenn Du alle Nadeln in der Puppe hast, halte diese etwa für 10 Minuten in Deinen Händen und sende ihr Licht, Liebe und Gesundheit. Wenn es für die Heilung der Person nötig ist, kannst Du diese Visualisierung jeden Tag, maximal 7 Tage, hintereinander ausführen. Du kannst die beseelte Puppe nun in ein weißes Tuch einschlagen und diese an einem geschützten Ort aufbewahren. Falls gar keine Besserung eingetreten ist, kannst Du dieses Ritual noch einmal eine Woche fortsetzen. Versuche herauszufinden, woran es lag, dass es nicht geklappt hat und korrigiere den Fehler. Scheue Dich nicht den Rat einer professionellen Hexe oder Magiers anzunehmen und erkundige Dich bei ihr/ihm. Wenn es geklappt hat und die zu heilende Person wieder gesund ist, vergesse nicht Dich bei den kosmischen Kräften zu bedanken. Diese sind es nämlich, die die Heilung gewirkt haben und mit Deiner Unterstützung und ihrer Liebe konnte dies auch geschehen. Nun muss die Puppe wieder neutralisiert werden, das heißt wieder von der Verbindung mit der geheilten Person getrennt werden. Dies ist sehr wichtig, weil die zu heilende Person sonst das Gefühl hätte sie stünde unter einem Fluch oder würde pausenlos kontrolliert.

Dieses verwirrt nur und ist nicht menschenwürdig und schon gar nicht Hexenart. Zum Neutralisieren nimm erst einmal wieder alle Nadeln heraus. Dabei sprichst Du bei jeder Nadel:

„Ich nehme heraus die Nadel, nehme mit das Leid. Du bist nun für immer von allen Schmerzen befreit.“

Die Puppe nimm nun wieder in Deine Hände und hauchen sie kurz an. Dabei sprich diese Worte: “Von Hexen einst erschaffen, hebt sich der Geist von (Name der Person) hinfort, Du bist nicht aus Fleisch oder Blut, sondern nur ein lebloses Gebilde aus Stoff hier an diesem Ort.“ Sehe vor Deinem geistigen Auge wie der Geist der zu heilenden Person sich aus der Puppe heraushebt und zurück zu dieser schwebt. Die Puppe ist nun wieder vollkommen leblos und unbeseelt. Du kannst die Puppe nun unter einem Baum der Früchte trägt vergraben oder der Person, die durch dieses Ritual gesund wurde, als Andenken schenken.

Wichtig: Ein Voodoo-Puppen-Ritual ist einmalig, das heißt, Du darfst diese Puppe nur für ein einziges Ritual max. 14 Tage benutzen. Danach muss die Puppe aufgelöst werden. Du kannst auch nur ein Ritual mit ein und derselben Puppe benutzen. Zwar kannst Du mehrere Rituale nebeneinander vollziehen, aber Du benötigst für jedes eine eigene Puppe.

Die sechzehn Wahrheiten des Voodoo

1. Es gibt einen einzigen Gott (alle Götter sind ein Gott).
2. Es gibt keinen Teufel.
3. Außer dem Tag an dem Du geboren wurdest und an dem Tag an dem Du sterben musst, gibt es kein einziges Geschehen in Deinem Leben, das nicht vorhergesehen werden kann und wenn notwendig geändert werden könnte.
4. Es ist Dein Geburtsrecht glücklich zu sein und erfolgreich zu sein und Erfüllung zu finden.
5. Du sollst innerlich wachsen und dabei Weisheit erlangen.
6. Du wirst durch Deine Blutsverwandte wiedergeboren.
7. Der Himmel ist das „Zuhause“ und die Erde der Marktplatz, wir sind fortwährend zwischen beiden Bereichen unterwegs.
8. Du bist in einem buchstäblichen nicht in einem übertragenem Sinn Teil des Universums.
9. Du darfst niemals etwas anfachen, was einen anderen Menschen zum Schaden gereicht.
10. Du darfst niemals dem Universum, von dem Du ein Teil bist, Schaden zufügen.
11. Deine praktischen und spirituellen Fähigkeiten müssen zusammenwirken.
12. Du kommst mit einem bestimmten Lebensweg auf die Welt, Weissagungen liefern Dir die Streckenkarte.
13. Unsere Ahnen existieren und müssen geehrt werden.
14. Opfer darbringen garantiert Erfolg.
15. Die Orishas leben in uns.
16. Du brauchst keine Angst zu haben.

Nachwort

Hiermit bist Du nun am Ende des Buches und ich hoffe ich konnte Dir eine gute Grundlage vermitteln. Nun geht es darum, dass Du das gelernte Wissen in die Praxis umsetzt, dazu habe ich Dir einige Bezugsquellen für magisches Zubehör auf der nächsten Seite gelistet. Dort findest Du auch einige Bücher, die mich bei diesem Ratgeber unterstützt haben. Wie Dir sicher schon aufgefallen ist, und ich bereits im Vorwort geschrieben habe, ist dies Buch 2011 entstanden. Seitdem hat sich bei mir viel getan. Die Hexenmagie und Santeria waren mein Einstieg. Ich habe in meiner magischen Phase vom 19. bis 25. Lebensjahr vielerlei Zauberhaftes gefunden und verschiedene Magierichtungen ausprobiert. Mittlerweile arbeite ich als schamanischer Lebensberater und habe mein Leben der schamanischen Heilkunst gewidmet. Ich besitze ein Zentrum für alternative Heilweisen und ein Ladengeschäft, in dem ich den Menschen helfe ihren spirituellen Weg zu finden und ihr persönliches Glück fördere. Gerne kannst Du Dich mit mir in Verbindung setzen, wenn Du bereit bist glücklich und liebevoll zu leben. Was ich jedoch nicht mehr anbiete sind Partnerschaftsrituale und Voodoo-Zauber. Diesbezüglich verweise ich Dich an meine Kollegen – dort kannst Du viel gutes Santeria- und Voodoo-Zubehör für Deine Rituale erstehen.

Ashé, sei gesegnet!

Thorsten Gabriel
(Magier Thor)

Quellenverzeichnis und weiterführende Adressen

Nützliche Internetshops und Buchtipps zum Thema

- www.anna-riva-hexenladen.de
- www.regenbogen-esoterik.de
- www.witchshop.de
- www.esoterischer-verlag.de
- www.gwendanas-shop.de
- www.magicshop-online.de
- www.trimontium.biz
- www.wisdomproducts.com (der Hersteller der 7 Sisters Voodoo-Öle)

Magischer Rat und Hilfe

- www.magier-thor.com
- www.schamanische-lebensberatung.de

Buchtipps

- Santeria Spellbook
- Die Kraft der Orischas
- Youruba Handbuch der afrikanischen Mystik
- Jambalaya
- Santeria – der Voodoo der Kubaner
- Power of the Orishas
- Voodoo Handbook von Anna Riva

Literaturnachweis

Seite 7, 10, 14 aus „Jambalaya“ von Luisha Teich Heyne Verlag München 1990

Seite 22-23, 98-103 aus „Die Kraft der Orischas“ von Philip J. Neimark, Otto Wilhelm Barth Verlag 1996

Seite 60-61 „Black & White Magic“ von Marie Leavau International Imports USA 1992

Seite 36-38 „Santeria Formulary Spellbook“ Carlos Montenegro USA 1998

Seite 59 Anna Riva „Voodoo Handbook“ International Imports USA 1992

Seite 104 „Yoruba Handbuch der afrikanischen Mystik“ Windpferd Verlag 1998

Weitere Bücher von Magier Thor:

Magier Thors Ratgeber der Hexenmagie

Ursprung der Hexenkunst Magische Produkte und Hexenrituale für ein glückliches Leben ein Ratgeber für moderne Hexen

ISBN 978-3-89094-439-5, 120 Seiten, Softcover, Format DIN-A5

Magier Thors Ratgeber der Hexenmagie: Dieser Ratgeber enthält alles was die Hexe oder Magier von heute wissen muss.

Egal ob es sich um die Theorie oder die Praxis handelt, - in diesem Ratgeber findet der Leser eine komplette Auflistung magischer Hilfsmittel und bekommt die Grundlagen der Hexenmagie vermittelt.

Thor arbeitet seit vielen Jahren mit der Hexenkunst und der Magie des alten Weges und sagt dazu: "Meine Aufgabe ist es, das alte Hexenwissen zu bewahren und es zeitgemäß an interessierte Menschen weiterzugeben und weiterzuentwickeln.

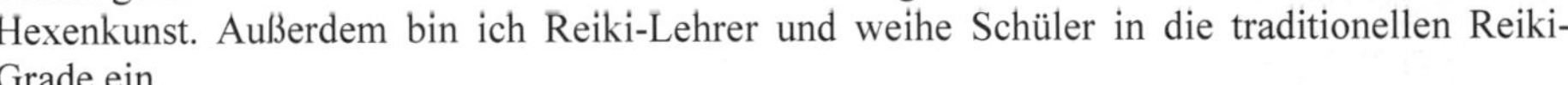

Dafür gebe ich Hexenseminare und Tarotkurse, führe Wicca-Trauungszeremonien für Paare durch und halte Vorträge über moderne Hexenkunst. Außerdem bin ich Reiki-Lehrer und weihe Schüler in die traditionellen Reiki-Grade ein.

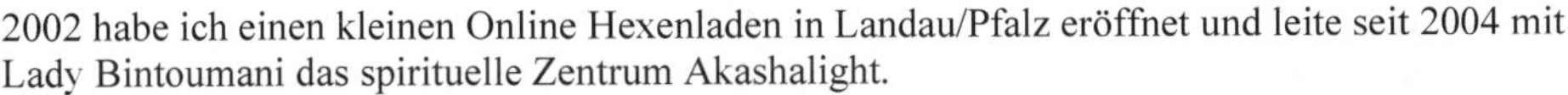

2002 habe ich einen kleinen Online Hexenladen in Landau/Pfalz eröffnet und leite seit 2004 mit Lady Bintoumani das spirituelle Zentrum Akashalight.

Nach viel Überredungskunst von meinen Klienten hältst du nun mein erstes Buch, das auch ein Ratgeber ist, in den Händen. Dieser Ratgeber gliedert sich in vier Teile. Der erste Teil gibt dir Informationen und theoretische Kenntnisse über die Hexenkunst. Im zweiten Teil werden die magischen Produkte dargestellt, der dritte Teil ist ganz der Praxis gewidmet und der vierte Teil ist ein Anhang mit wichtigen zusätzlichen Informationen.

So kannst du selbst Hexenrituale wirken, und zwar ohne groß in anderen Büchern suchen zu müssen. Die meisten Bücher beinhalten nämlich nur einen Teil der Hexenmagie. Deshalb dieser Ratgeber: kompakt und übersichtlich gegliedert für alle Hexen, ob jung oder alt."

Du erfährst unter anderem etwas über:

- Ursprung der Hexenkunst
- alle magischen Öle von A-Z inklusive Rituale
- Siegelmagie von Anna Riva
- alle magischen Figurenkerzen mit Einsatzweise